Katzenseele

Paul Leyhausen

Katzenseele

Wesen und Sozialverhalten

unter Mitarbeit von
Dr. Mircea Pfleiderer

KOSMOS

Mit 109 Zeichnungen und einer Karte von Dr. Mircea Pfleiderer.

Umschlaggestaltung von eStudio Calamar unter Verwendung von zwei Fotos von Jean-Louis Klein und Marie-Luce Hubert (Vorderseite) und Ulrike Schanz.

Bibliografische Information der Deutschen Bibliothek
Die Deutsche Bibliothek verzeichnet diese Publikation in der Deutschen Nationalbibliografie; detaillierte bibliografische Daten sind im Internet über http://dnb.ddb.de abrufbar.

Alle Angaben in diesem Buch erfolgen nach bestem Wissen und Gewissen. Sorgfalt bei der Umsetzung ist indes dennoch geboten. Der Verlag und der Autor übernehmen keinerlei Haftung für Personen-, Sach- oder Vermögensschäden, die aus der Anwendung der vorgestellten Materialien und Methoden entstehen könnten.

Gedruckt auf chlorfrei gebleichtem Papier

2. Auflage 2005

ISBN 3-440-09864-8
Redaktion: Angela Beck
Lektorat: Gisela Bauer-Haffter
Gestaltung: Die Herstellung, Stuttgart
Produktion: Kirsten Raue / Markus Schärtlein
Printed in The Czech Republic / Imprimé en République tchèque

INHALT

Einführung 7

Die Herkunft 9

Wie es dazu kam 15

Wie ungesellig ist ein Einzelgänger? 17

Verständigung 23

Wie's gemacht wird 25
- Mimik 25
- Gestik 30
- Lautgebung 34
- Duftsignale 40
- Sichtmarkierung 44

Ausdruck und Eindruck 45

Angriff und Abwehr – die sogenannte Aggression 49

Wie entsteht ein Sozialsystem? 55

Katze, Maus und Vogel 61
- Das »Raubtier« 61
- Die Mausekatze 68
- Vom Freiheitsdrang der Katze – und dessen Gefahren 91
- Die »Vogelmörderin« 95
- Der »Jagdschädling« 101

Betörte Katz' – verliebter Kater 105

Kätzchen muß Katze werden 114

Was denkt die Katze? 123

Stubenkatzen 131
Das Katzenrevier in der Wohnung 133
»Beutefang« der Stubenkatze 136
Häusliche Erziehung 143
Der Speisezettel der Stubenkatze 146
Ein Kamerad für die Stubenkatze 150

Die Katze beim Tierarzt 162
Impfungen und Parasiten 162
Kastration 163
Die kranke Katze 166
Der Weg zum Tierarzt 168
In der Praxis 173
Häusliche Pflege 175

Zucht: Irrungen und Wirrungen 179

Die alternde Katze 190

Glossar 196

Literatur 197

Register 198

EINFÜHRUNG

Der unvergessene WERNER FISCHEL schrieb einst ein Buch über »Die Seele des Hundes«. Verhaltensforscher meiden das Wort »Seele« oft sogar dann, wenn sie menschliches Verhalten beschreiben und untersuchen. FISCHELS psychologisierende Deutung des Hundeverhaltens erschien ihnen als wissenschaftlich ungerechtfertigt und unnütz: Sollte der Hund etwas erleben oder gar denken, so bleibe das doch objektiver Untersuchung unzugänglich. DORIT FEDDERSEN-PETERSEN verfährt in der Praxis ebenso, obwohl sie doch ihr Büchlein »Hundepsychologie« nennt – und Psychologie heißt ja wohl auf gut deutsch »Seelenkunde«. Doch haben zumindest zwei weltweit bekannte und anerkannte Verhaltensforscher erhebliche Zweifel an einer Haltung angemeldet, die mit mehr Starrsinn als Logik das Dogma verkündet, man könne niemals etwas wissenschaftlich Zuverlässiges über tierisches Innenleben erfahren: der kürzlich verstorbene HEINI HEDIGER (»Ist das tierliche Bewußtsein unerforschlich?«) und DONALD GRIFFIN (»The Question of Animal Awareness« – »Die Frage nach dem tierlichen Bewußtsein«).

Wie steht es denn nun mit der althergebrachten, für unser menschliches Ego so schmeichelhaften Annahme, nur wir, die Menschen, hätten eine Seele? Wenn zwei vor einer Wiese stehen und beide aussagen, sie sei »grün«, dann beweist das zunächst weiter nichts, als daß beide gelernt haben, einen bestimmten Sinneseindruck mit »Grün« zu benennen und ihn von anderen, etwa mit »Blau« oder »Gelb« benannten, zu unterscheiden. Daß die mit »Grün« bezeichneten Farberlebnisse beider gleich seien, kann dagegen niemand beweisen. Vielleicht erlebt der eine diese Farbe so, wie der andere Blau erlebt, und umgekehrt? Dennoch gehen wir alle mit großer innerer Sicherheit davon aus, daß alle gesunden Menschen »Grün« nicht nur gleich benennen, sondern auch gleich erleben. Darin erweist sich die von KONRAD LORENZ so häufig zitierte, von KARL BÜHLER beschriebene »Du-Evidenz«. »Evident« nennt man etwas, dessen Wirklichkeit und/oder Richtigkeit keines weiteren Beweises bedarf. Gerade im vorliegenden Falle kann und will sich aber zumindest der Verhaltensforscher die Sache nicht so einfach machen. Es darf ihm nicht genügen, daß es die Du-Evidenz gibt, er will sie auch begründet wissen. Der Satz »Dein Grün ist mein Grün« findet aber nur *eine* wissenschaftlich tragfähige Grundlage: Wir sind beide Menschen mit einer langen, langen gemeinsamen Abstammung. Selbst wenn wir als »nichtverwandt« gelten, sind unsere gemeinsamen Vorfahren nur verhältnismäßig wenige Generationen zurück in der Vergangenheit zu suchen (sogenannter »Ahnenschwund« der Genealogen). Einzig und allein deshalb sind unsere Anlagen und Fähigkeiten, auch unsere geistigen, sich so weitgehend ähnlich, daß sie für viele praktische Belange des sozialen Alltags als einander »gleich« gelten dürfen. Wer also die »Du-Evidenz« als nur subjektiv gegeben ansehen will und ihre Aussage für wissenschaftlich nicht verwertbar erklärt, muß in letzter Konsequenz auch leugnen, daß Menschen von Menschen abstammen. Das mit der Abstammung ist aber eine lange Geschichte, die weder ihren Anfang mit dem Menschen nahm, noch aller Voraussicht nach mit uns heutigen ihr Ende nimmt. Vor gar nicht so sehr vielen Generationen waren die Vor-Fahren Vor-Menschen, und davor waren es Menschenaffen, und davor... Mit anderen Worten: Wenn die Du-Evidenz einen Aussagewert hat, dann kann dieser nicht an jener unsicheren Grenze aufhören, die wir recht willkürlich zwischen dem Noch-nicht-Menschen und dem Menschen ziehen. Wenn der Mensch eine Seele hat, dann haben zumindest alle höheren Tiere auch eine, und zwar eine der menschlichen – in verschiedenem Grade – nicht nur ähnliche, sondern aufgrund unendlich langer gemeinsamer Stammesgeschichte auch *verwandte.* Gibt es aber eine solche natürliche Seelenverwandtschaft, dann hat sie nicht nur akademisches Interesse; ihre Kenntnis ist vielmehr grundlegend für die Möglichkeit menschlicher Selbstkenntnis und -erkenntnis. Vor mehr als achtzig Jahren schrieb STANLEY HALL in »Adolescence«: »And thus we shall never truly know ourselves unless we know the mind of animals, and most especially those in our line of descent.« (»So werden wir niemals uns selbst wirklich kennenlernen, wenn wir nicht die Seele der Tiere erforschen, ganz besonders die derjenigen, die mit uns eines Stammes sind.«)

Haben also Katzen eine Seele? Gewiß. Was wissen wir von ihr? Sehr wenig. Können wir sie weiter erforschen? Vielleicht. Lohnt es sich? Na, lesen Sie doch weiter!

DIE HERKUNFT

Echte Katzen gibt es seit etwa 30-40 Millionen Jahren. Wie und wann genau die heutzutage noch lebenden, verschiedenen Katzenarten aus ihnen hervorgingen, ist nur in groben Zügen bekannt. Über die Einzelheiten streiten sich die Gelehrten.

Tab. 1: Die Gattung *Felis* (Altweltwildkatzen)

Art		Verbreitung
F. ornata	Steppenkatze	Halbwüsten West-Indiens und Pakistans
F. libyca	Falbkatze	Steppen und Halbwüsten Afrikas und der Arabischen Halbinsel
F. silvestris	Wald-wildkatze	Mittelgebirge Europas (außer Skandinavien), weiter ostwärts bis zur Mongolei
F. margarita	Sandkatze	Sandwüsten Nordafrikas und Arabiens
F. thinobia	Sicheldünen-katze	Transkaspische Sandwüsten, Nushki-Wüste Pakistans
F. bieti	Graukatze	Südwesten der Wüste Gobi und Tarim-Becken
F. nigripes	Schwarzfuß-katze	Kalahari-Wüste und Karroo Südwest- und Südafrikas
F. chaus	Rohrkatze »Sumpfluchs«	Von Oberägypten über Palästina, Kleinasien und Indien bis nach Ceylon und Hinterindien
F. manul	Manul	Hochgebirge und Hochsteppen Mittelasiens von Turkestan bis Nordwestchina

Innerhalb der Familie der Katzenartigen faßt man miteinander näher verwandte Arten zu Gattungen zusammen. Die Hauskatze gehört zur Gattung *Felis*, die neun Arten umfaßt. Drei davon, nämlich die Wildkatzen der waldreichen Mittelgebirge Europas und Steppen Zentralasiens (*Felis silvestris* i.e.S.), die Steppenkatzen aus den Halbwüsten Pakistans und Indiens *(Felis ornata)* und die afrikanische Falbkatze *(Felis libyca)* lassen sich fruchtbar miteinander kreuzen. Ich fasse sie daher als Großart *Felis silvestris* zusammen. Die Kategorie »Großart« (Superspecies) hat ERNST MAYR in die Systematik eingeführt, um damit eine Gruppe sehr nahe miteinander verwandter Arten zu bezeichnen. *Silvestris* begegnet uns hier also in doppelter Bedeutung: Erstens und ursprünglich als Artname der nördlichen Wildkatzen im engeren Sinne, zweitens aber auch als Name für die gesamte Großart. Manche Wissenschaftler möchten die drei Formen lieber als eine Art mit drei Unterarten ansehen. Dann aber würden entweder die Unterarten der drei bisherigen Arten zu »Unterunterarten« herabgestuft, was zu einer sehr umständlichen Benennung führte, oder man müßte wie THEODOR HALTENORTH alle Unterarten der drei Formen nur als Unterarten der einen Art *silvestris* aufführen und die Gliederung in drei Formengruppen aufgeben. Das wäre aber nun auch wieder nicht recht, da neuere Untersuchungen deutliche Unterschiede im Schädelbau zwischen den jeweils *silvestris*, *libyca* und *ornata* zugehörigen Unterarten nachwiesen. Dabei hat sich auch herausgestellt, daß die mittelasiatischen Steppenwildkatzen, die man bisher wegen ihres gefleckten Felles zu *ornata* gestellt hatte, der *silvestris*-Gruppe angehören. Man sieht, selbst die Feinsystematik dieser Formen hat ihre Tücken, und so ist es einfach praktischer, an der Großart mit drei Arten festzuhalten, auch wenn die aus der Osttürkei und dem Iran stammenden Tiere sich nicht immer eindeutig einer der drei Arten, deren Verbreitungsgebiete hier zusammenstoßen, zuordnen lassen (s. Karte S. 12).

Eine dieser Arten, die afrikanische Falbkatze, ist die Stammform aller Hauskatzen. Wahrscheinlich beteiligt sind die ägyptisch-sudanesischen Unterarten *(F. l. libyca, F. l. lynesi* und *F. l. lowei)*, vielleicht auch noch die abessinische Unterart *(F. l. ocreata)*. Der wissenschaftliche Name der Hauskatze lautet demnach *Felis libyca* forma *catus*. Diese umständliche Bezeichnung ist nötig, weil ja die Haustierform immer noch der gleichen Art wie die wildlebende Stammform angehört. Ebenso heißen etwa der Haushund *Canis lupus* forma *familiaris* oder das Hausrind *Bos primigenius* forma *taurus*. Vielfach

Abb. 1: Falbkatze aus Südwestafrika

Abb. 2: Waldwildkatze aus Siebenbürgen

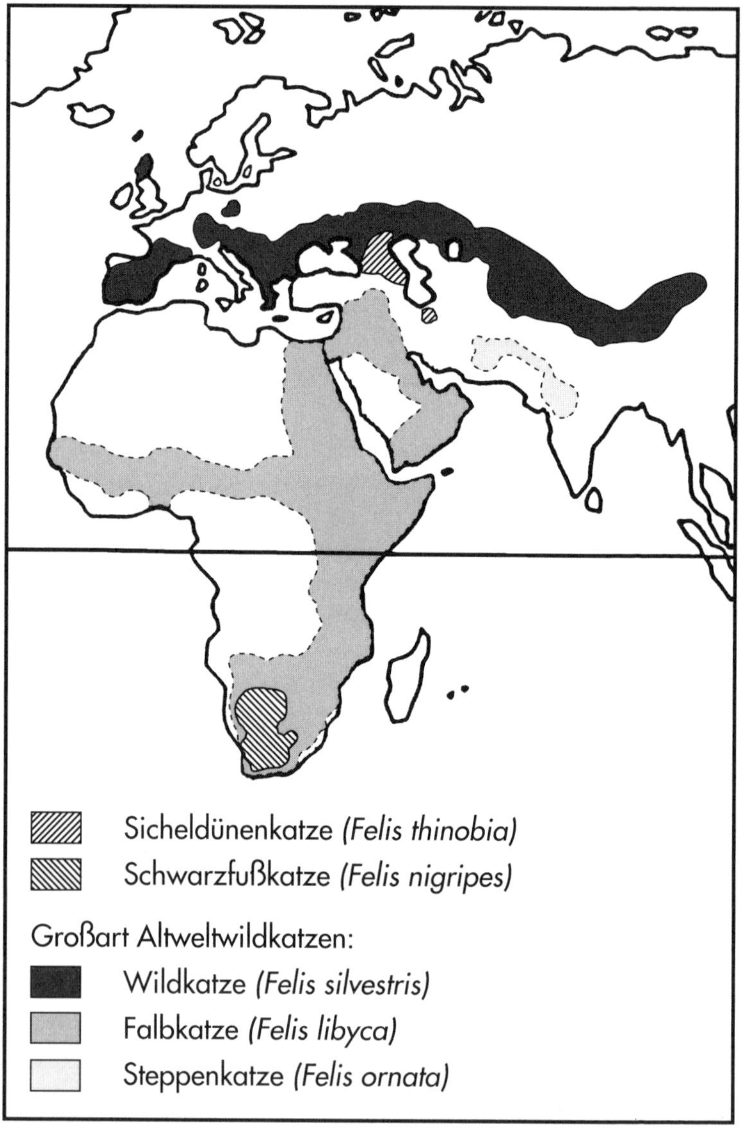

Verbreitung einiger der in Tab. 1 aufgeführten Arten. Da in keinem Gebiet (außer Schottland) die gegenwärtigen Verbreitungsgrenzen der betreffenden Arten genau bekannt sind, kann die Karte nur als ungefährer Anhalt gelten.

findet man den Artnamen auch *lybica* statt wie hier *libyca* geschrieben. Der Erstbeschreiber der Art, FORSTER, hat das so gemacht; da er aber auch das Land Lybien, also verkehrt herum schrieb, sollte seine irrige Schreibweise des Artnamens nicht beibehalten, sondern so wie hier verbessert werden.

Als sich die Hauskatze über das ganze von der Großart bewohnte Gebiet verbreitete, vermischte sie sich mit deren örtlichen Vertretern. Man hat aber immer das Ausmaß dieser Einkreuzungen überschätzt. Im wesentlichen ist die Hauskatze auch in Indien und Europa ein Abkömmling der nordafrikanischen Falbkatze geblieben: ein Tier der Halbwüsten, Trocken- und Buschsteppen mit seiner Vorliebe für trockene Wärme und seiner sprichwörtlichen Wasserscheu.

Die immer wieder auftauchende Meinung, stämmiger Körperbau und dicker, runder Kopf wiesen auf stärkere Beteiligung der Waldwildkatzen am Erbgut hin, ist nicht zu belegen und wahrscheinlich irrig. Neben Erbeinflüssen sind Unterschiede im Körperbau von in nördlichen und südlichen Ländern lebenden Hauskatzen auch unmittelbar auf Klima und Ernährung zurückzuführen.

Ganz sicher aber lassen sich bestimmte Zuchtrassenmerkmale nicht der Einkreuzung anderer Katzenarten zuschreiben. Die Lang-

Abb. 3: Schwarzfußkatze aus Südwestafrika (Kalahari). Diese kleinste Katzenart (erwachsene Weibchen wiegen nur ca. 1,5 kg!) ist mit der Falbkatze sehr nahe verwandt. Dennoch erwiesen sich Kreuzungstiere in beiden Geschlechtern als unfruchtbar.

haarrassen zum Beispiel stammen bestimmt nicht aus Kreuzungen mit dem Manul *(Felis* ›Otocolobus‹ *manul)*. Früher einmal dachte auch ich, manche Eigenschaften der Siamkatzen seien wohl von einer Beteiligung der indischen Bengalkatze an ihrer Ahnenschaft herzuleiten. Nun kann man zwar alle Katzenarten kreuzen, bei denen man es bisher versucht hat. Doch sind, mit Ausnahme von Kreuzungen der drei Arten der Großart *F. silvestris*, die männlichen Nachkommen ausnahmslos unfruchtbar.

Die weiblichen Kreuzungstiere bekommen zwar manchmal Junge, wenn man sie mit einer der Elternarten rückkreuzt; doch sind die männlichen Jungen daraus ebenfalls unfruchtbar und, so weit mir bisher bekannt, oft auch die weiblichen. Mit viel Glück und Mühe könnte man also über die Rückkreuzungen vielleicht einen Teil der Erbmerkmale einer fremden Katzenart auf Hauskatzen übertragen. Aber dazu wären über lange Zeit mit einer großen Zahl von Tieren beider Ausgangsarten durchgeführte Zuchtversuche erforderlich. Und die hat bisher noch niemand gemacht. Es bleibt also dabei: Alle die verschiedenen Hauskatzenrassen sind aus verdeckt im Falbkatzenstamm vorhandenen Erbanlagen und einigen neuen Mutationen herausgezüchtet worden.

Abb. 4: Getigerter Hauskater, in der Zeichnung von der Stammform kaum zu unterscheiden.

WIE ES DAZU KAM

Katzen hielten sich die Damen von Jericho schon vor rund 7000 Jahren. Allerdings handelte es sich wahrscheinlich noch nicht um »Hauskatzen«, sondern um gezähmte Wildkatzen. Genau bestimmen kann man die Zeit des Übergangs von der halbzahm ums Haus laufenden Wildkatze zu einer Form, die schon Haustiermerkmale zeigte, nicht. Die Ausprägung dieser Merkmale an Schädel und Skelett ist weniger deutlich als etwa beim Hund, und die Altertumsforscher verfügen nicht über genügend Funde. 1983 hat man bei Ausgrabungen auf Zypern einen Katzenunterkiefer gefunden, der etwa 8000 Jahre alt ist. Da es auch zu jener Zeit wie heute auf Zypern keine Wildkatzen gegeben hat, müssen wohl Menschen den Knochen dorthin gebracht haben, ob im lebenden Tier, im Nahrungsproviant, als Kultgegenstand oder als Kinderspielzeug, muß dahingestellt bleiben.

Interessanter als die Antwort auf die Frage, *wann* die ersten Hauskatzen entstanden, wäre es, zu wissen, *wie* sie entstanden. Der englische Schriftsteller Rudyard Kipling schrieb ein Bändchen mit dem Titel »Grad' so Geschichten« (»Just so Stories«), in dem er mit Humor, Phantasie und wenig Rücksicht auf die Naturgeschichte erzählt, wie das Kamel an seinen Höcker und der Elefant zu seinem Rüssel kamen, wie der Schmetterling mit dem Fuß aufstampfte und mit welchen Folgen, und schließlich auch von der Katze, die immer ihren eigenen Weg ging (The Cat who walked by Himself). Denn wenn auch der Mensch auf den Hund kam und auf die übrigen Haustiere, auf die Katze kam er nicht, sondern die Katze kam auf ihn oder, richtiger, zum wohlig warmen Feuer in seiner Wohnstätte. Allerdings kam die Katze wohl erst zum Menschen, als dieser der steinzeitlichen Wohnhöhle längst entwachsen war; doch davon abgesehen hat dichterische Intuition Kipling den Vorgang wohl so schildern lassen, wie er sich in etwa abgespielt haben muß. Hier will ich die Geschichte nicht nacherzählen und den Leser nicht um den Genuß bringen, sie selbst zu lesen.

Eines jedenfalls ist sicher: Die anderen Haustiere zog der Mensch ja zu ganz bestimmten Zwecken an sich und lernte bald, wie er sie durch Einschränkung ihrer Freiheit und gezielte Zucht zu seinem Nutzen abändern konnte. So förderte er bei ihnen die ihm »nützlichen« Eigenschaften und milderte die ihm nachteilig scheinenden oder merzte sie sogar ganz aus. Nur den Katzen (und sich selbst) schränkte er Bewegungsraum und Gattenwahl nicht wesentlich ein. Anders als bei den übrigen Haustieren gibt es eine gezielte Katzenzucht erst seit etwas über hundert Jahren; sie dient nur einer Liebhaberei, deren Einfluß bisher die ganz überwiegende Mehrzahl der mit uns lebenden Hauskatzen verschont hat. Offensichtlich nahm der Mensch die wildlebenden Vorfahren der späteren Hauskatzen nicht wie die Stammformen aller anderen Haustiere in Dienst und Nutzung. Die Katzen suchten selbst die menschlichen Siedlungen auf, weil der Getreideanbau und die im Zusammenhang damit sich rasch entwickelnde Vorratshaltung die Kleinnagetiere anzog und zur Massenvermehrung anregte, welche seit jeher die hauptsächliche Beute der Katzen waren. Der Mensch tat weiter nichts dazu, als daß er die Katzen duldete, da er bald erkannte, wie verhältnismäßig wirksam sie die Vorräte vor allzu hohen Verlusten bewahrten.

Im wesentlichen leben die Hauskatzen ja in den ländlichen Gegenden der Welt immer noch auf die gleiche Weise. Man hat dagegen eingewendet, die alten Ägypter, die ja sonst alle möglichen Wildtiere zähmten und zu Haustieren machten, hätten wohl kaum allein die Katze nicht in Zucht genommen. Es ist ein guter Einwand, aber es fehlen die Beweise oder selbst Hinweise. Die zahlreichen Katzenmumien, die man daraufhin untersucht hat, wiesen keine jener Merkmale (Schädelverkürzung, Verkürzung der Beinknochen) auf, die eine intensivere Domestikation mit sich zu bringen pflegt. Nach wie vor scheint mir jedenfalls alles darauf hinzudeuten, daß die Katze sich selbst zum Haustier, besser gesagt, zum »Nachbarn mit Hausanschluß« gemacht hat. Außer ihr brachte das nur noch der Mensch selbst fertig. Für beide hatte das wichtige parallele Entwicklungen zur Folge, welche die anderen Haustiere nicht teilten.

WIE UNGESELLIG IST EIN EINZELGÄNGER?

Katzen gelten allgemein als Einzelgänger. Nur der Löwe macht da eine Ausnahme. Das wenige, was wir vom Freileben der afrikanischen Wildkatze wissen, deutet darauf hin, daß auch sie ungesellig in Einzelrevieren lebt. Als ich vor nun fast dreißig Jahren die Gesellschaftsordnung von Großstadtkatzen mit mehr oder weniger freiem Auslauf beschrieb, bestätigte sich dieses Bild im wesentlichen – allerdings mit zwei bedeutsamen Einschränkungen.

Manchmal verließen die Tiere ihre Reviere und versammelten sich für ein bis zwei Stunden an bestimmten Plätzen, friedlich, ohne Lärm, ohne dort etwa Futter vorzufinden oder auf Brautschau auszusein, kurz, ohne erkennbaren Anlaß. Man kann nur vermuten, daß sie für diese kurze Zeit ihre gegenseitige Gesellschaft suchten. Danach ging dann jedes Tier wieder seiner Wege.

Die Kater erschienen weniger reviergebunden als die Katzen und verteidigten ihre Reviere auch nicht so entschieden wie diese. Die stärksten Kater einer Nachbarschaft konnten sich zusammenraufen und dann gemeinsam auf Brautschau und Rivalensuche ziehen. Ich nannte das eine »Bruderschaft«.

Abb. 5: Zwei einander fremde Kater begegnen sich; ehe sie sich (zusammen- ?) raufen, gehen beide erst einmal in leichte, zugleich abwehrbereite Drohstellung.

a

b

c

d

e

Abb. 6: Ein fast erwachsener Jungkater begegnet zwei »Clubbrüdern« (nicht miteinander verwandt).
a) Er nähert sich freundlich-unbefangen, die Haltung der »Brüder« dagegen zeigt Zurückhaltung, aber auch Neugier.
b) Einer der Erwachsenen versucht Analkontrolle, doch der Jungkater entzieht sich.
c) Dem Jungkater wird's »unheimlich«, er zieht sich in eine Ecke zurück.
d) Die Altkater nähern sich sehr vorsichtig, mit leicht zurückgelegten Ohren: »Nun laß dich schon beschnuppern!«
e) Der gescheckte Kater hat nach dem Jungkater geschlagen, dieser geht in Abwehrstellung.
Die Altkater lassen dann von ihm ab; Jungkater genießen noch eine gewisse »Narrenfreiheit«.

Trotz dieser Abweichungen nahm ich damals immer noch an, die Vorstellung vom Einzelgänger Katze treffe im wesentlichen auf alle freilaufenden oder gar verwilderten Hauskatzen zu. Aber höhere Tiere haben eben kein bestimmtes, ein-für-allemal festgelegtes, »arteigenes« Sozialgefüge, etwa so wie sie einen bestimmten Schädelknochen haben. Besonders solche Tiere, die unter den verschiedensten klimatischen und geographischen Bedingungen leben, wo Deckung, Wasser, Nahrung in je anderer Form und unterschiedlicher Menge vorhanden sind und je andere Feinde und Gefahren sie bedrohen, müssen auch ihr Zusammenleben entsprechend verschieden einrichten können. Meine Vorstellung von einer einzigen, unter allen Bedingungen gültigen Sozialordnung freilebender Hauskatzen war also nicht sehr »biologisch«.

Inzwischen hat man in fast allen Teilen der Welt halb- und ganz verwilderte Katzengesellschaften untersucht und gefunden, daß nicht zwei davon die genau gleiche Ordnung haben. Es gibt Fälle, in denen jedes Weibchen sein eigenes Revier besetzt und verteidigt; die Kater haben weniger streng definierte Reviere, welche die mehrerer Weibchen überlappen. Andererseits gibt es Weibchengruppen, die ein gemeinsames Revier verteidigen, in dem sich einige Kater ungehemmt bewegen dürfen, ein System also, das dem von SCHALLER und BERTRAM für die Löwen der Serengeti beschriebenen recht ähnlich ist. Zwischen diesen Extremen gibt es alle Übergänge, wie auch das von mir beschriebene System, in dem die Tiere zu Zeiten die strenge Reviereinteilung durchbrechen und an bestimmten Treffpunkten zusammenkommen.

Es wäre nun falsch, diese verschiedenen Gesellungsformen nur auf die angegebenen äußeren Umstände zurückzuführen. Die größere oder geringere Neigung zur Geselligkeit ist zumindest teilweise auch durch Erbunterschiede zwischen den Gruppen (Populationen) bestimmt. Solche Populationen gehen meist auf verhältnismäßig wenige »Gründungsmitglieder« zurück, deren zufällige Erbausstattung festlegt, was die jeweiligen Lebensbedingungen daraus auslesen können und was nicht. ROSEMARIE SCHÄR hat das in ihrem lesenswerten Büchlein beschrieben.

Viele wilde Katzenarten sind wohl nicht so einzelgängerisch, wie das seit jeher behauptet wird. Rotluchskater leben zumindest zeitweilig mit Mutter- und Jungtieren. Tiger- und Leopardenväter hat

Abb. 7: Dieses Bild erinnert mich an den Ausspruch GEORGE SCHALLERs über den Tiger: »Einzelgänger – ja, schon, aber nicht ungesellig!«

man beobachtet, wie sie ihre Familien besuchten und mit den Jungen spielten. In Gefangenschaft haben mehrfach Kater unserer europäischen Wildkatze und in einem Fall ein Fischkater der Mutterkatze bei der Aufzucht der Jungen geholfen, indem sie Futter heranschleppten oder die Jungen in Abwesenheit der Katze beaufsichtigten. Wie weit bei der Stammform unserer Hauskatze, der afrikanischen Falbkatze, die Ungeselligkeit geht und ob sie nicht doch auch im Freileben vielgestaltige Sozialstrukturen entwickelt hat, ist bisher völlig unbekannt.

Ganz sicher hat die Hauskatze im Gefolge des Menschen wie dieser sich einer weit größeren Mannigfaltigkeit der Lebensbedingungen ausgesetzt, als sie die wilde Stammform in ihrem ganzen riesigen Verbreitungsgebiet während ihrer Entwicklung jemals antraf. Es ist daher sicher kein Zufall, wenn sie wie der Mensch eine fast unübersehbare Vielfalt an Gesellschaftsformen entwickelt hat. Das steht in auffallendem Gegensatz zu den übrigen Haustieren, die meist nur noch eine im Vergleich zur Wildform verarmte Sozialstruktur entwickeln, wenn sie wieder verwildern. KONRAD LORENZ hat die Theorie von der »Selbstdomestikation« des Menschen aufgestellt und ist dafür vielfach angegriffen worden: Die Domestikation der Haus- und Nutztiere sei einem gezielten Eingriff des Menschen zu verdanken, und eben ein solcher fehle in seinem eigenen Falle. Die Entstehung ähnlich erscheinender Merkmale bei Mensch und Haustier beruhe auf fundamental verschiedenen Vorgängen und sei daher unvergleichbar; sie mit der gleichen Benennung zu versehen sei irreführend und unstatthaft. Mir scheint, die Hauskatze als das andere Wesen, das sich ganz sicher selbst den Bedingungen aussetzte, die ihm zu seinen Haustiermerkmalen verhalfen, votiert mit lautem Miau für die LORENZ'sche These.

VERSTÄNDIGUNG

Jedes Wesen, das irgendeine Art von Mit-, Gegen-, Für-, Zu- oder Auseinander entwickelt, bedarf der Verständigungsmittel. Die Vielfalt der Beziehungen zwischen den Individuen bei Begegnungen und Wanderungen, Wettbewerb um Nahrung, Wasser, Ruheplätze, Geschlechtspartner, Rang und Revier läßt sich nur regeln, wenn ein Tier kundtut, was es beabsichtigt oder wie es gestimmt ist, und wenn es selbst die entsprechenden Kundgebungen der Artgenossen »versteht«. Nur dann kann es sein eigenes Verhalten auf das der anderen einrichten und selbst auch deren Verhalten beeinflussen. Da nur der Mensch eine Wortsprache entwickelt hat, sind alle anderen Tiere auf nichtsprachliche Verständigungsmittel angewiesen. Diese Art von Verständigung spielt, neben und vor aller Sprache, auch bei uns Menschen eine wichtige, ja unentbehrliche Rolle.

Die Art der Mitteilung ist meist flüchtiger Natur: Gesichtsausdruck, Körperhaltungen und -bewegungen, Berührungen mit und an verschiedenen Körperteilen, Duftabsonderungen und Lautäußerungen. Doch setzen viele Tiere auch dauerhafte, meist sichtbare oder duftende Zeichen (Marken), die der vorüberkommende Artgenosse auch in Abwesenheit des Urhebers wahrnehmen und deuten kann.

Alle solche Zeichen wären wirkungslos, wenn der »Empfänger« sie nicht beachtete oder nicht wahrnehmen und deuten könnte. Beides, die Zeichengebung und die Deutung, sind allen Tieren, auch dem Menschen, weitgehend angeboren; von einem bestimmten Entwicklungsstand an verfügen sie darüber, ohne es je lernen zu müssen. Wieviel und was dann die einzelnen Arten noch hinzulernen können, ist je verschieden.

Alles Vorstehende trifft auch auf die Hauskatze zu. Ihre Verständigungsmittel sind sogar besonders hoch entwickelt und vielfältig. Wozu soll das aber gut sein bei einem Tier, das doch als einzelgängerisch und ungesellig gilt? Nun, auch Tiere, die den größten Teil des Jahres allein gehen, müssen sich mit Reviernachbarn, Rivalen und fremden Eindringlingen auseinandersetzen, sich bei der Paarung begegnen und Junge aufziehen. Gerade weil diese Begegnungen so verhältnismäßig selten und zuweilen unverhofft vorkommen, ist es wichtig, daß die Verständigung ohne Mißverständnis und genau erfolgt. Das hilft unnötige Feindseligkeiten vermeiden und erfolgreich bei der Werbung sein. Es ist eben ein Irrtum, zu glauben, gesellig lebende Tierarten müßten immer über die besseren Verständigungsmittel verfügen. Der Bedarf beim Einzelgänger ist zwar teilweise anders geartet, aber keineswegs geringer. Außerdem habe ich ja schon im vorigen Kapitel berichtet, daß wir das Klischee vom »Einzelgänger Katze« nicht nur für die Hauskatze, sondern auch für eine Reihe wildlebender Arten berichtigen müssen.

WIE'S GEMACHT WIRD

Katzen sind komplizierte Wesen und werden daher selten von nur einem Antrieb, einer Stimmung beherrscht. Nicht zwei, nein viele Seelen wohnen oft in ihrer Brust, und entsprechend vielfältig und in sich widersprüchlich ist oft die Mischung der verschiedenen Ausdrucksmittel. Daher will ich diese erst einzeln beschreiben und nachher versuchen, an ein paar Beispielen die verschiedenen Möglichkeiten ihrer Verbindung vorzuführen.

Mimik

Eine sehr bewegliche Nasen-, Lippen-, Backen-, Ohr- und Stirnmuskulatur, eine schnell veränderliche Pupillengröße, die verlängerten Backenhaare und die langen Tasthaare der Oberlippe (»Schnurrhaare«) erlauben der Katze, ihrem Gegenüber sehr verschiedene »Gesichter« zu zeigen.

Nach vorn gestellte Ohrmuscheln drücken freundliches Interesse, verschiedene Grade der Aufmerksamkeit bis hin zu äußerster Anspannung aus, je nachdem wie weit die Stirnmuskeln sie zur Mitte hin zusammenziehen. Hochgestellte, aber nach hinten gedrehte Ohrmuscheln sind eine Angriffs-, besser gesagt eine Beißdrohung: »Hau' ab, oder...!« Knickt die Katze die Ohren nach hinten ein und zieht sie seitwärts herab, so schlägt ihre Stimmung in Abwehrbereitschaft, Angst und schließlich Fluchtbereitschaft um.

Bei ängstlicher Erregung, besonders wenn kein Fluchtweg mehr offensteht, zieht sich die Backenmuskulatur nach unten zur Kehle hin zusammen. Bei vielen Hauskatzen, auch Katern, sind die Backenhaare aber nur mäßig verlängert, und die Bewegung ist daher zumindest für den Menschen nicht sehr auffällig. Gut zu beobachten ist sie dagegen bei Arten mit starkem »Backenbart« wie bei den Luchsen. Bei Manuls sieht man dann außerdem stark betonte, rhythmische Schluckbewegungen. Diese treten auch bei drohenden Hauskatern auf; sie sind verursacht durch die starke Speichelbildung

Abb. 8: Ein freundlich-neugieriges – man könnte auch sagen: neutrales – Gesicht; doch das linke, leicht nach hinten gedrehte Ohr zeigt bereits eine beginnende Verärgerung an.

während des »Drohgesangs« (s. u.), die beim Erregtheitsschlucken des Manul – äußerlich jedenfalls – nicht zu beobachten ist.

Die Schnurrhaare geben durch ihre Stellung ebenfalls Auskunft über die gegenwärtige Stimmung: Breit gefächert und nach vorn gerichtet künden sie von Aufmerken und schneller Aktionsbereitschaft; seitwärts gerichtet und weniger gespreizt drücken sie Ruhe, ja Behagen aus; schmal zusammen- und nach hinten angelegt beweisen sie Zurückhaltung, ja Scheu und Ängstlichkeit.

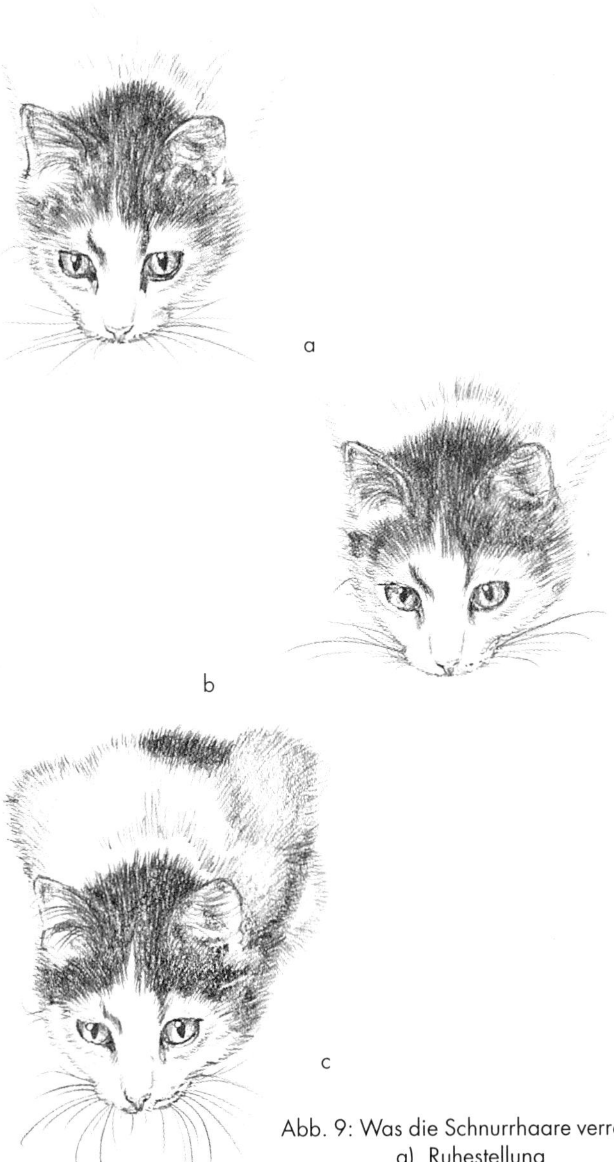

Abb. 9: Was die Schnurrhaare verraten:
a) Ruhestellung
b) Zurückgelegt, z. B. beim Beschnuppern von Geruchsspuren
c) Gespannte Aufmerksamkeit, Aktionsbereitschaft.

Verengte Pupillen zeigen erhöhtes Interesse, Gespanntheit bis hin zur Angriffsdrohung an, erweiterte Pupillen Überraschung, Angst, Abwehr. Da aber auch die Lichtverhältnisse die Pupillenweite steuern, können sich Lichteinwirkung und Erregungseinflüsse überlagern, gegenseitig verstärken oder aufheben. Für den Eindruck maßgebend ist weniger die jeweilige Pupillenweite als deren abrupte Veränderung ohne vorhergehende Veränderung in den Lichtverhältnissen.

Blinzeln oder auch völliges, betontes Schließen und Öffnen der Augen wirkt beschwichtigend, in manchen Situationen auch bittend, vertrauenheischend oder einfach als vertraulicher Gruß; Mircea Pfleiderer nennt dieses Blinzeln daher zutreffend »das Lächeln der Feliden«.

Gähnen ist zwischen Katzen nicht im gleichen Maß »ansteckend« wie beim Menschen und vielen anderen Wirbeltieren. Es macht eine Katze nicht direkt schläfrig, wirkt aber doch beruhigend, ähnlich wie das Blinzeln, vielleicht stärker, geradezu angriffshemmend: »Ich bin friedlich, sei Du es bitte auch!« Ausdrucksbewegungen der Lippen, vor allem der Oberlippe, stehen meistens im Zusammenhang mit Lautäußerungen und sind dort zu besprechen. Nur zwei bilden eine Ausnahme davon: das Flehmen und eine ähnlich ausschauende Grimasse, die eine milde Form der Abwehr darstellt.

Das Flehmen hat der frühere Direktor des Leipziger Zoos, Prof. K. M. Schneider, näher untersucht. Es kommt nur bei Säugetieren vor, die noch ein zweites, bei den Reptilien weitverbreitetes Geruchsorgan, das Jacobsonsche Organ, besitzen. Der Mensch und die anderen Primaten haben es nicht, und daher können wir uns nicht recht vorstellen, was wohl eine Katze, ein Pferd, Nashorn, Stier oder Hirsch an Eindrücken damit empfangen mögen. Das sichtbare Verhalten dient dazu, die Duftstoffe dem im Gaumendach liegenden Organ zuzuführen. Die Katze beschnuppert zunächst die Duftquelle, beleckt sie manchmal, hebt dann den Kopf etwas über die Waagerechte, zieht bei leicht geöffnetem Maul die Mundwinkel zurück und den rückwärtigen Teil der Oberlippe hoch und zusammen, so daß mehrere scharfe Falten parallel zur Nase und auf der Nase selbst Querfalten (daher auch die Bezeichnung »Rümpfgebärde«) entstehen. Bei der Hauskatze ist die Gebärde nicht so auffällig wie bei größeren Arten, aber doch gut erkennbar. Es sind meist der Se-

Abb. 10: Gähnen dient oft als Beruhigungs- oder Begrüßungsgeste, vor allem bei schneller Annäherung eines anderen (bekannten) Tieres.

xualsphäre entstammende Duftstoffe, die Flehmen auslösen. Doch führen es die Katzen auch an zahlreichen anderen (für sie subjektiv ähnlich riechenden?) Duftquellen aus. Die ausführenden Tiere verharren sekundenlang völlig unbeweglich in der beschriebenen Haltung und machen einen entrückten, oft geradezu verzückten Eindruck auf den menschlichen Beobachter. Bis jetzt deutet aber nichts darauf hin, daß zuschauende Artgenossen auch einen besonderen Eindruck empfangen.

Die zweite Ausdrucksbewegung der Lippen, die nicht im Zusammenhang mit einer Lautäußerung steht, nannte SCHNEIDER eine »Verlegenheitsgebärde«. Sie ähnelt dem Flehmen, doch das Maul bleibt geschlossen, die Mundwinkel werden weiter zurück-, die Lippen aber nicht hochgezogen, und die Nase wird nicht »gerümpft«. Dabei hebt das Tier den Kopf etwas über die Waagerechte und schwingt ihn langsam hin und her. Bisher hat man das Verhalten nur bei Großkatzen beobachtet. Es weist einen sich freundlich oder zumindest nicht feindselig nähernden Artgenossen in milder Form zurück, etwa wie: »Bitte sei nett und laß mich in Ruhe.« Die Gebärde fehlt den kleinen Katzenarten entweder oder ist bei ihnen noch unscheinbarer als das Flehmen und daher selbst aufmerksamen Beobachtern bisher entgangen. Der Vollständigkeit halber soll sie jedoch hier aufgeführt sein.

Gestik

Unter Gestik faßt man Stellungen und Bewegungen von Kopf, Rumpf und Gliedern (einschließlich Schwanz!) zusammen, soweit sie Ausdrucks- oder Signalcharakter haben. Bei behaarten Säugetieren muß man auch ihre Fähigkeit einschließen, die Haare am ganzen Körper oder selektiv auf bestimmten Hautbezirken aufzurichten (Pilomotorik) und damit »gezielt« Umriß, Gestalt und Größe des Körpers zu verändern.

Ein waagerecht vorgereckter Kopf signalisiert Annäherungsbereitschaft – welcher Art, »erläutert« die begleitende Mimik und Gestik. Eine Katze, die sich überlegen fühlt, hebt dabei den Kopf – nicht die Nase – an. Senkt sie den Kopf und zieht dabei das Kinn mehr oder weniger ruckartig an, oder wendet sie ihn zur Seite, so drückt sie damit ihr Desinteresse aus oder auch, bei Begegnung mit einer fremden Katze, daß sie weder provozieren noch sich provozie-

Abb. 11: Die geduckte Haltung drückt Unsicherheit aus.

Abb. 12: Der Schwanz ist in Drohstellung, während die nach vorn gerichteten Ohren noch keine unmittelbare Angriffsabsicht erkennen lassen.

ren lassen möchte. Bei einigen Katzenarten (z.B. Goldkatzen) ist das ruckartige Senken des Kopfes bei gleichzeitigem Anziehen des Kinns eine Aufforderung zur sozialen Hautpflege. Hebt dagegen eine Katze den Kopf sehr hoch und zieht ihn dabei zurück, soweit sie nur kann, dann möchte sie einem zudringlichen Gegenüber ausweichen.

Hochgereckte Beine zeigen Selbstsicherheit bis zur angriffsbereiten Spannung an. Knicken die Hinterbeine ein, weist das auf Unsicherheit bis Ängstlichkeit hin. Duckt sich die Katze vorn: abwehrbereites Ausweichen; und hinten: Vorsicht, Unsicherheit auf fremdem Gebiet, Abwehrbereitschaft.

Bleibt der Rumpf gestreckt, so ist die Katze selbstsicher. Sackt der Rumpf nach unten, so deutet dies auf Unsicherheit und Scheu hin. Der bekannte Katzenbuckel entsteht, wenn die Katze vorn schon zurückweicht, während sie mit dem Hinterteil noch »tapfer« standhält.

Schwanzbewegungen sind das Stimmungsbarometer der Katze. Schnelle, ruckartige Hinundherbewegungen verraten Erregungen verschiedenster Art. Fühlt sich die Katze gestört oder belästigt, sind diese Schwanzbewegungen besonders heftig und schlagen oft auch hörbar kräftig auf den Boden. Senkrecht hochgerichtet ist der Schwanz bei freundlicher Begrüßung, als Aufforderung zur Anal-

Abb. 13: Ein fremder Kater *(links)* dringt ins Heim der Katze ein; diese fühlt sich auf ihrem erhöhten Sitz sicher (a) und behält ihre Ruhestellung bei.
b) Der Kater scheut den Sprung hinauf und läßt ab, wobei sich seine Schwanz- und Rückenhaare etwas sträuben. Die Katze schaut neugierig nach, was er jetzt treibt, ist aber nicht beunruhigt.

kontrolle. Läuft die Katze damit vom Adressaten fort, so heißt das: »Bitte folgen.« Schnellt dagegen der Schwanz mit einer peitschenden Bewegung plötzlich hoch, so leitet das oft einen Angriff ein. Bei den *Felis*-Arten (s. Tabelle S. 9) ist diese Bewegung nicht sehr ausgeprägt und verhältnismäßig selten, bei anderen wie z. B. den Bengalkatzen kommt sie oft vor und führt dann, wenn man eine Hauskatze und eine Bengalkatze zusammenbringt, manchmal zu Mißverständnissen: Die Hauskatze hält den hochgepeitschten Schwanz der Bengalkatze für eine freundliche Aufforderung, eilt erfreut auf diese zu und

b

ist dann höchst verblüfft, wenn sie ein paar Ohrfeigen einheimst. Bei intensivem Drohen hält die Katze den Schwanz meist ruhig, nur die äußerste Spitze zuckt heftig. Der Schwanz ist dabei an der Wurzel ein kurzes Stück gestreckt und weist dann in scharfem Winkel nach unten. Je mehr Abwehr sich in das Drohen mischt, um so länger wird das gestreckte Stück und um so steiler weist es nach oben. Bei einer höchst abwehrbereiten, in die Enge getriebenen Katze ragt der ganze Schwanz senkrecht hoch (»Lampenputzer«). Einige Katzenarten, deren Schwanz kurz und daher wenig ausdrucksfähig ist, haben seine Signalfunktionen in den Bereich der Mimik verlagert. Die Luchse führen ruckartige Bewegungen des stark entwickelten Backen- und Kehlbartes aus; der Karakal, der keinen Backenbart hat, flippt zum gleichen Zweck die Ohrmuscheln und -pinsel lebhaft hin und her.

Bei der verängstigten Katze sträubt sich das Haar am ganzen Körper. Die drohende, angriffsbereite Katze sträubt nur die Haare auf der Rückenmitte und die Schwanzhaare. Die Rückenhaare richten sich dabei oft nicht einfach senkrecht hoch, sondern neigen sich etwas zur Mittellinie hin, so daß ein scharfer Kamm, fast wie eine Bügelfalte, entsteht. Je nach Mischung der verschiedenen Bereitschaften gibt es Übergänge zwischen den beiden Extremmustern der Piloerektion.

Lautgebung

Man unterscheidet stimmlose und stimmhafte Laute. Akustische Signale können, anders als optische, Hindernisse »umgehen«, also auch Tieren, die sich nicht sehen können, eine Verständigung ermöglichen.

Die bekannteste stimmlose Lautäußerung der Katze ist das Schnurren. Seinem Ursprung nach ist es wohl eine kindliche Lautform, die der säugenden Mutter anzeigt, daß die Jungen sich wohlbefinden. Wesentlich ist für diese Funktion, daß die Mechanik des Schnurrens die Jungen nicht am Saugen hindert. So geht die akustische Verbindung zu den Jungen auch nicht verloren, wenn die säugende Mutter döst oder sogar schläft. Auch beim erwachsenen, ruhenden Tier zeigt Schnurren meist an: »Alles in Ordnung, es geht mir gut.« Zusätzlich aber hat es auch, je nach Situation, noch einige weitere Bedeutungen. Die Mutterkatze schnurrt, wenn sie sich nach einem Ausflug dem Nest nähert und beruhigt damit die Jungen: »Keine Aufregung, ich bin's ja nur.« Ältere Junge schnurren, wenn sie erwachsene Katzen zum Spiel auffordern, rangüberlegene tun es, um sich unterlegenen in friedlicher oder spielerischer Absicht zu nähern; die unterlegene könnte die Annäherung sonst mißdeuten und ausweichen oder sie abwehren. Schließlich schnurren sogar kranke Katzen, wenn sie sehr geschwächt und zur Gegenwehr nicht mehr fähig sind, sozusagen als Vorweg-Beschwichtigung eines möglichen Angreifers. Das erscheint zunächst paradox, da sich doch das schwerkranke Tier ganz und gar nicht wohl fühlt. Aber wenn man der obigen Aufzählung folgt, so erscheinen die verschiedenen Abwandlungen in der Bedeutung dieser Lautgebung doch ganz folgerichtig.

Das Fauchen ist eine bei Reptilien, Vögeln und Säugetieren weitverbreitete stimmlose Lautäußerung. Katzen öffnen dabei den Mund etwa zur Hälfte, ziehen die Oberlippe hoch (Faltenbildung fast wie beim Flehmen, doch ohne Naserümpfen) und wölben die Zunge, besonders die Seitenränder, hoch zum Gaumen. Die Atemluft stoßen sie dabei sehr scharf aus, so daß auf nahe Entfernung das angefauchte Tier einen Lufthauch im Gesicht verspürt. Deshalb mögen Katzen es nicht, wenn man ihnen, wenn auch nur ganz leicht, ins Gesicht bläst. Man kann das als sehr wirkungsvolles Erziehungsmittel verwenden. Aber auch die Fauchmimik allein, ohne hörbaren Laut oder spürbare Luftbewegung, wirkt noch abweisend. Wir haben hier also eine Ausdrucksform, die drei Sinnesgebiete – Gesicht, Gehör und Getast – gleichermaßen anspricht.

Das Spucken ist die nächste Stufe in der Reihe der Droh- und Warnlaute, ein scharf und plötzlich halb durch die Nase hervorgestoßener stimmloser Explosivlaut. Oft schlägt die Katze dabei eine oder auch beide Vorderpfoten auf den Boden auf. So abschreckend, ja gefährlich das auf ein Gegenüber auch wirken mag, es handelt sich meist um Bluff. Der so angedrohte Angriff findet bei weiterer Annäherung gewöhnlich nicht statt. In vielen Fällen erreicht die Katze aber ihren Zweck: Der (vermeintliche) Angreifer weicht einen Augenblick zurück und gibt der Katze so Raum zum Rückzug in eine bessere Stellung oder zur Flucht.

Knurren ist ein weiterer Warn- oder Drohlaut mit kennzeichnender Mimik. Anders als beim Fauchen zieht die Katze dabei nicht die ganze Oberlippe, sondern nur die hinteren Mundwinkel hoch. Mehrfach stoßweise wiederholtes Knurren wird zum Grollen, wie es vornehmlich die großen Katzen hervorbringen.

Fauchen – Spucken – Knurren zeigen stufenweise den Übergang von überwiegender Abwehr- zu wachsender Angriffsbereitschaft an. Das drückt sich unter anderem darin aus, daß ein Angriff nach Fauchen mit Pfotenhieben erfolgt, nach Knurren durch Biß:

Pfotenhiebe sind wesentlich ein Verteidigungs-, Bisse ein Angriffsmittel.

Schnattern und Meckern bilden einen Übergang von stimmloser zu stimmhafter Lautgebung. Die Katzen öffnen dazu den Mund nur einen kleinen Spalt, ziehen die Mundwinkel weit nach hinten und bewegen den Unterkiefer sehr schnell auf und ab. Es entsteht ein teils schmatzendes, teils schnatterndes Geräusch, bei hoher Erregung ein meckernder oder keckernder Laut. Ausgelöst wird das Schnattern durch den Anblick sehr begehrter, wegen äußerer Hindernisse aber unerreichbarer Beute. Über die Bedeutung der Lautform im einzelnen hat man viel spekuliert. Unter anderem sollen Katzen damit Vögel anlocken, um sie dann leichter zu fangen. Auf Grund eigener Beobachtungen kann ich das weder bestätigen noch widerlegen; experimentelle Untersuchungen liegen nicht vor. Soweit bekannt, veranlassen weder Laut noch Begleitmimik andere Katzen zu speziellem Antwortverhalten; beides hat also anscheinend keine Mitteilungsfunktion.

Außer diesen stimmlosen Lauten vermag die Katze eine Anzahl stimmhafter Lautäußerungen hervorzubringen, die alle vielfältig abwandelbar und dementspechend vieldeutig sind. Hier kann ich nur die wichtigsten Grundformen aufführen.

Am bekanntesten ist das Miauen, das sich vom Schrei des verlassenen oder in seinem Befinden gestörten Jungen herleitet. Das Junge läßt es hören, wenn es aus dem Nest geraten ist und friert, wenn die zurückkehrende Mutter es im Schlaf stört und bei ähnlichen Gelegenheiten. Auch beim erwachsenen Tier deutet ein kurzes, hell klingendes Miauen eine Art von Unzufriedenheit oder Mißmut, eine als unangenehm empfundene Mangellage, an. In gewissem Sinne tun das ja auch die unterschiedlichen, aber beide vom Miauen abgeleiteten Werberufe von Katze und Kater.

Ein helles Gurren dient zur freundlichen Begrüßung. Überlagert von leisen, mauzenden Tönen wird es zum »Plaudern«, eine Lautäußerung, die von Katze zu Katze sehr unterschiedlich klingen kann und eine Art sozialer Stimmfühlung darstellt. Manche Katzen plaudern halbstundenlang und länger ohne Unterbrechung und modulieren die Gurrlaute dabei so vielfältig, daß sie sich kaum wiederholen. Dieser Abwechslungsreichtum spielt sicher bei der Verständigung der Katzen untereinander eine Rolle. Seit langem habe ich

Abb. 14: a) Die Katze verfolgt für sie unerreichbare Spatzen mit »sehnsüchtigem« Blick;
b) sie »schnattert«.

den bestimmten Eindruck, daß es hier »dyadische Dialekte« gibt, also Lautformen, die zwei bestimmte, einander gut bekannte Katzen nur unter sich, aber nicht gegenüber Dritten verwenden. Schlüssige Untersuchungen hierzu gibt es leider nicht und wird es wohl so bald auch nicht geben, da der erforderliche Aufwand zu hoch wäre.

Abgewandelte Gurrlaute sind auch die eigenartig klingenden Rufe, mit denen eine Mutterkatze den etwa vier bis fünf Wochen alten Jungen die ersten Beutestücke zuträgt und sie auffordert, sich diese doch einmal näher anzusehen. Sind die zugetragenen Beutetiere klein und ungefährlich, so sind die Locklaute dem ursprünglichen Gurren noch sehr ähnlich. Größere und möglicherweise »gefährliche« Beute dagegen kündigt die Mutter durch laute, fast schreiende Rufe an. Wir sprachen daher im Institutsjargon in Anspielung auf die beiden häufigst angebotenen Beutetierarten von

»Mäuseruf« und »Rattenruf«. Als aber einmal zwischen dem Nest mit den Jungen und der Mutter, die eine Maus herantrug, eine Tür geschlossen wurde, steigerte die Katze in fortlaufendem Übergang den »Mäuseruf« zum »Rattenruf«. Beide sind also nur verschieden starke Äußerungen der gleichen Lautform. Im normalen Verlauf der Dinge läßt die Katze aber die Zwischen- und Übergangsformen nicht hören. Vielmehr benutzt sie die beiden Extremformen fast wie Worte oder Begriffsbezeichnungen. So ruft sie auch »Ratte«, wenn sie nur ein Stückchen Ratte bringt, das viel kleiner ist als eine Maus. Es kommt also wirklich auf die Art des angeschleppten Beuteguts an, nicht etwa nur auf die Größe.

Das obige Beispiel habe ich ausführlich geschildert, weil es meines Wissens der erste und bisher einzige Fall ist, in dem ein derartiger »Sprachgebrauch« einer Lautform bei einem nichtmenschlichen Säugetier nachgewiesen und dokumentiert ist. Er setzt voraus, daß die Katze einen qualitativen Unterschied zwischen Ratte und Maus irgendwie »begriffen« hat. So vernetzt sich Angeborenes mit Erworbenem: Eine angeborene Lautform, das Locken, steigert und wandelt sich mit wachsender Erregung. Wie die Katze dazu kommt, nur die gemäßigte und die höchste Intensitätsstufe mit kennzeichnenden Eigenschaften bestimmter Beuteformen zu verbinden und damit zuverlässig anzukündigen, was sie gerade mitbringt, wissen wir im einzelnen noch nicht. Die »Adressaten«, die Jungen, reagieren deutlich verschieden: Ertönt der Mäuseruf, so kommen sie ohne Scheu heran; ruft Mutter aber »Ratte«, so bleiben sie zunächst in Deckung, kommen dann nur sehr zögernd heraus und nähern sich, besonders beim ersten Mal, der Beute nur tief geduckt und mit äußerster Vorsicht. Sie wissen aber wohl nicht, was sie da erwartet, sondern antworten vermutlich nur einfach auf die unterschiedliche Intensität von Mamas Rufen und lernen erst mit der Zeit, welche Mitteilungen diese enthalten.

Vielleicht bedeutet das alles nicht, die Katzen hätten schon den ersten klitzekleinen Schritt hin zur Wort- und Begriffssprache getan. Ich sage ausdrücklich »vielleicht«; man hat sich wohl bei der Suche nach den ersten Ansätzen der Entwicklung einer Lautsprache zu sehr auf unsere nächste Verwandtschaft beschränkt, in der hochmütigen Annahme, »weiter unten« sei da schon gar nichts zu erwarten. Jedenfalls hat man wohl die Fähigkeit nicht dem Primatenstamm zugehöriger, gleichwohl hochentwickelter Säugetiere, sich mittels Lautgebung zu verständigen, unterschätzt. Beispiele wie das hier geschilderte entziehen sich leicht der Beobachtung. Ohne die (beim ersten Mal versehentlich) geschlossene Tür und die Analyse der dann bei weiteren Versuchen gemachten Tonbandaufzeichnungen wäre uns auch dieses mit Sicherheit entgangen.

»Abwehrkreischen« lassen Katzen in größter Bedrängnis hören, manchmal auch zum Abschluß einer Begattung. Es leitet sich vom Miau her, indem dessen zweite Silbe besonders scharf betont und hervorgestoßen wird.

Schließlich haben wir noch den allbekannten »Gesang« der Kater. Von Dichtern meist als »Liebesgesang« mißdeutet, ist er in Wahrheit ein Droh- und Kampfgesang. Zwar hört man ihn meist nur bei den Auseinandersetzungen der Kater untereinander, doch verfügen auch die Weibchen über ihn, lassen ihn allerdings nur sehr selten hören.

Diese Aufzählung der hauptsächlichen Lautformen der Hauskatze ist auf den ersten Blick nicht sehr eindrucksvoll. Hört man ihr aber dabei zu, wie vielfältig sie die Laute abzuwandeln vermag, so kann man den Ausdrucksreichtum des »Vokabulars« nur noch bestaunen.

Die Hauskatze braucht zur vollständigen Ausbildung ihres Lautrepertoires nicht, wie ein Menschenkind und auch viele Singvögel, die Rückmeldung über das eigene Gehör. Auch eine taubgeborene Katze entwickelt die ganze Lautgebung ihrer Art. Wenn es dennoch individuelle Unterschiede gibt, so nicht, weil die Tiere zur Naturausstattung Neues hinzulernen oder gar erfinden. Vielmehr treffen sie aus dem vorgegebenen Reichtum eine Auswahl und beschränken die Äußerung bestimmter Lautvarianten auf besondere Situationen oder den Verkehr mit einzelnen Individuen. Der Unterschied zum Menschen besteht nach Meinung mancher Sprachforscher darin, daß der Säugling angeborenermaßen über sämtliche nur mögliche Phoneme verfüge, die spätere Sprachentwicklung und -erziehung daraus nur die dem jeweiligen Kultur- und Sprachraum entsprechende Auswahl treffe und die entsprechenden Lautfolgen zusammenstelle. Dazu bedarf es beim Menschenkind wie bei vielen Singvögeln der Erfolgskontrolle über ein funktionierendes Gehör, beim Kätzchen offenbar nicht. Katzen können vielleicht, außer den bereits erwähnten dyadischen, auch Gruppen- oder Nachbarschaftsdialekte ausbilden. Das sind bisher nur sehr spekulative, auf Gelegenheitsbeobachtungen beruhende Vermutungen. Aber wer nicht alles Mögliche und scheinbar Unmögliche denkt, wird schließlich das Wirkliche nicht finden (ERICH ROTHACKER, etwas abgewandelt).

Duftsignale

Obwohl Katzen nicht zu den besonders geruchsbegabten Säugetieren gehören, sind sie in dieser Hinsicht doch uns Menschen überlegen. Beim Nahrungserwerb spielt der Geruchssinn zwar nur eine untergeordnete Rolle, beim sozialen Verkehr, bei der Partnersuche und -wahl aber eine ganz bedeutende.

Katzen haben wie alle Säugetiere einen Körpergeruch, der sich besonders bei den Weibchen in Abhängigkeit von den Schwankungen des Hormonhaushalts während des Fortpflanzungszyklus verändert. An den Wangen, unterm Kinn, zwischen den Zehen und auf dem Rücken unmittelbar vor der Schwanzwurzel gibt es Hautdrüsen, die Duftstoffe absondern. Kater haben dazu noch die Analbeutel am After. Welche Rolle die Absonderungen der verschiedenen Drüsen im einzelnen spielen, ist noch weitgehend unbekannt. Wie es scheint, können die Tiere sich gegenseitig am Duft der Backendrüsen erkennen. Wahrscheinlich übertragen die Tiere die Duftstoffe von Backen-, Kinn- und Schwanzwurzeldrüsen aufeinander und stellen so einen gemeinsamen Gruppen- oder Sippengeruch her. Hierzu dienen alle jene Bewegungen, von denen man meist glaubt, sie sprächen nur das Tastgefühl an: Das allen »Katzenmenschen« bekannte Köpfchengeben, Backen- und Flankenreiben, den Rücken unter dem Kinn des Partners entlangziehen, das Abstreifen des Schwanzes über dessen Rücken und Schwanzwurzel, wohl auch die Speichelübertragung durch Reiben des zurückgezogenen Mundwinkels an Schnauze und Backe des anderen Tieres.

Alle Bewegungen, mit denen die Tiere einander und auch den vertrauten Menschen berühren, führen sie auch an geeigneten Gegenständen aus und übertragen so die verschiedenen Düfte darauf. Andere Katzen nehmen sie noch nach Tagen wahr und erkennen daran den Urheber.

Abb. 15: a) Ein Kater beschnuppert einen Latschenzweig, den er zuvor schon mehrfach markiert hat;
b) anschließend reibt er Stirn und Backen daran.

Katzen verfügen noch über zwei weitere Wege, sich nachhaltig duftend kundzutun. Es sind überwiegend die Kater, welche davon Gebrauch machen, doch stehen beide Verfahren auch den Katzen zur Verfügung.

Bekannt ist die Gewohnheit, Kot und Urin in einer sorglich zuvor ausgehobenen Grube zu verscharren. Die wohlerzogene Familienkatze benutzt dazu brav das bereitgestellte Katzenklosett. Vielen Katzenbesitzern ist es daher wohl unbekannt, daß freilaufende Katzen das nicht immer tun. An ihren Reviergrenzen setzen sie Kot oft an auffallenden Stellen ab: Mitten auf dem Weg, oben auf im oder am Wege liegenden Steinen oder Baumstümpfen. Oft ist es offenbar gar nicht so einfach, die duftende Gabe dort so anzubringen, daß sie auch haften bleibt; die Katze muß viel Mühe und Zielstrebigkeit darauf verwenden. Bei manchen wildlebenden Katzenarten ist dieses Verhalten besonders stark ausgeprägt. Pumas und Kanadaluchse sollen sogar eigens kleine Hügel aus Laub und Erde zusammenscharren, um diese dann mit ihrem Kot zu »krönen«. Die in den Sandwüsten Turkestans und West-Pakistans lebende Sicheldünenkatze *(Felis thinobia)* errichtet hierzu Sandhügel, auf die mehrere, benachbarte Tiere ihren Kot immer wieder absetzen. Aus Schichten von Sand und Kot entsteht so ein Kegel, der eine größere Festigkeit hat als Sand allein und dem ständig wehenden Wind längere Zeit widersteht. Leider erleichtert dieses Verhalten es nicht nur neugierigen Wissenschaftlern, sondern auch Leuten mit weniger löblichen Motiven, den Tieren nachzuspüren.

Für uns Menschen ausgesprochen unangenehm ist der Drang der meisten Hauskater und auch vieler Katzen, nicht nur ihr Außenrevier, sondern oft auch das Heim und sogar den Partner, sei's Katze oder Mensch, zum Zeichen des Besitzes mit Urin zu markieren: Die Katze wendet dem zu markierenden Objekt ihr Hinterteil zu, richtet den Schwanz steil hoch und spritzt den Urin aufs Markierungsziel. Aus ersichtlichen anatomischen Gründen ergibt das bei Weibchen mehr eine sanfte Dusche, bei Katern jedoch einen scharfen Strahl von oft beträchtlicher Reichweite. Der weibliche Urin riecht nicht sehr stark, und die »Unart« wird daher oft gar nicht wahrgenommen, selbst wenn sie gelegentlich im Hause verübt wird. Der Urin der Kater jedoch wird beim Spritzen auf noch nicht völlig geklärte Weise mit dem penetrant riechenden Sekret der Analbeutel befrachtet; der Duft hält sich viele Tage lang. Ein spritzender Kater, der seinen Markierungsdrang nicht auf Feld und Garten beschränkt, ist daher als Hausgenosse nur unter Ausnahme-Umständen zu erdulden. Je nach Witterungsbedingungen duftet so eine Katermarke im Freiland bis zu vierzehn Tage lang, wobei sich unter der Einwirkung des Luftsauerstoffs der Geruch allmählich abschwächt und verändert. So können andere Katzen noch nach Tagen feststellen, wer da spritzte und wann und wahrscheinlich auch in welcher Stimmung. Die vollständige Nachricht lautet also etwa: »Kater Arnold, vor drei Tagen; stinkwütend.« Kater reiben oft ihre Backen an Gegenständen, die sie zuvor besprüht haben, und »parfümieren« sich so mit ihrem Eigenduft. Sie tragen dann diese Duftaura vor sich her wie mittelalterliche Ritter die farbigen Wappen auf ihren Schilden. Es könnte das schon eine einschüchternde Wirkung auf die Rivalen oder auch eine betörende auf eine Auserwählte haben. Genaues weiß man darüber nicht, wie überhaupt die Erforschung der einzelnen Duftstoffe (Pheromone) und ihrer speziellen Wirkung noch sehr im Argen liegt.

Das Spritzen ist aber auch ein optisch auffälliges Verhalten, das den artgleichen Beobachter beeindruckt und so auch Rückwirkungen auf das ausführende Tier haben kann. Nach einem Streit kann man oft beobachten, wie die obsiegende Katze spritzharnt, und zwar demonstrativ stets im Blick des unterlegenen Tieres. Auch das letztere spritzt nach einer Weile, achtet aber umgekehrt darauf, dabei nicht ins Gesichtsfeld des für diesmal überlegenen Tieres zu geraten. Es kam mir immer so vor, als wolle das Tier damit sein geknicktes Ego wieder aufrichten, den Eindruck der Niederlage abschütteln; es schüttelt sich zwischen zwei Spritzern oft auch wirklich und gewinnt auf diese Weise seinen Gleichmut zurück. Auch von Herrchen/Frauchen »abgestrafte« Katzen verhalten sich oft so. Eine Katze, die vor den Augen einer anderen spritzharnt, beweist damit Selbstsicherheit und Stärke.

Viele Katzenarten, vor allem die großen, verfertigen flache Gruben mit den Hinterpfoten. Dabei scharren sie aber nicht wie ein Hund nach hinten aus; es sind wischende Bewegungen, welche Laub, Sand und was sonst sich an der Stelle befindet, nicht nach hinten schleudern, sondern als kleinen Wall nach vorn schieben. Auf die so blankgescheuerte Stelle träufeln die Tiere dann etwas Urin. Diese

Wischflecke liegen gewöhnlich an oder auf vielbegangenen Katzenwegen und heben sich von der Umgebung deutlich ab. Die sichtbare Marke weist den nächsten Wegebenutzer auf die darin liegende Duftmarke hin, welche die eigentliche Nachricht enthält. Bei der Hauskatze und ihren nächsten wildlebenden Verwandten ist diese Art der Wegemarkierung bisher nicht sicher beobachtet worden.

Sichtmarkierung

Der Anblick der Polstermöbel verrät dem kundigen Besucher oft schon, daß hier eine Katze zu Hause ist. Das Schärfen der Krallen hinterläßt eben seine Spuren, leider oft auch dann, wenn die Besitzer die reizvollsten alternativen Kratzangebote in Form von teuren Katzenmöbeln und -bäumen oder auch einfachen Kokosmatten machen. Es wird zwar manchmal bezweifelt, aber in erster Linie dient das Verfahren den Katzen wirklich dazu, die abgenutzten äußeren Krallenschichten abzuschilfern. Im Freien schärfen die Katzen ihre Krallen an liegenden, lieber noch schräg oder aufrecht stehenden Weichholzstämmen. Hier kann man unter den Kratzstellen die abgeplatzten Krallenreste finden; oft stecken sie auch noch im Holz. Besonders geeignete Bäume sucht die Katze immer wieder auf, und so entstehen deutlich sichtbare Kratzspuren. Man kann Katzen oft beobachten, wie sie daran schnuppern, und deshalb vermutet man, daß dort auch Duftspuren, etwa von den zwischen den Zehen liegenden Schweißdrüsen, zurückbleiben. Sicheres weiß man darüber nicht. Aber wie Spritzharnen dient auch betontes Krallenschärfen im Blickfeld eines anderen Tieres zum »Imponieren«. Hierzu bevorzugen die Tiere dann möglichst senkrecht stehende Kratzgelegenheiten und strecken sich daran hinauf, soweit sie können.

AUSDRUCK UND EINDRUCK

Hier schließt sich nun sozusagen der Kreis. Wir begannen mit verhältnismäßig einfachen, optisch wirksamen Ausdrucksbewegungen und -zeichen, kamen über Laut, Berührung und Duft wieder zu einem überwiegend optisch, aber auch auf andere Sinnesgebiete wirkenden Ausdrucksverhalten. Diese kurze Zusammenstellung gibt noch keine zureichende Vorstellung von der Ausdrucksvielfalt der Katze und der Vielzahl der möglichen Mitteilungen. Nicht nur ist jedes der besprochenen Ausdruckselemente fein nach Stärke, Häufigkeit und Dauer abstufbar, die Katze verbindet sie auch zu harmonischen wie in sich widersprüchlichen Folgen und Mosaiken. Ist die Katze mit der Wahrnehmung und Deutung dieser ihrer arteigenen Ausdrucksvielfalt nicht weit überfordert?

Wunderbarerweise: nein. Der Reichtum der Ausdrucksformen und ihrer möglichen Verbindungen ist nicht verschwendet. Ihm entspricht ein ebenso fein ausgestaltetes Eindrucksvermögen. Viele Ausdruckszeichen sind ja mehrdeutig und erhalten ihre jeweilige Bedeutung erst im Verbund mit anderen Zeichen und aus der Situation, in der sich Ausdruckssender und Eindrucksempfänger gerade befinden.

Ausdrucksvermögen und Eindrucksfähigkeit braucht eine Katze nicht zu lernen. Vieles davon ist auch nicht nur der Katze eigen, sondern sie teilt es mit vielen Säugetieren, manches sogar mit anderen Wirbeltieren bis hinab zu den Fischen. Das Fauchen kommt als Warn- und Abwehrlaut zum Beispiel bei vielen Eidechsen, Schlangen und Schildkröten, bei Vögeln und bei anderen Säugetieren vor. Alle »verstehen« es, auch wenn ein artfremdes Tier es ausstößt. Gespreizte Flossen, Hautkämme, Federn und Haare vergrößern den Körperumriß und wirken, besonders wenn sie plötzlich aufgerichtet werden, auf alle Wirbeltiere, auch den Menschen, bedrohlich, einschüchternd. Ich habe deshalb einmal vom »Esperanto des Ausdrucks« gesprochen, das die gesamte Wirbeltierreihe vom Fisch bis zum Menschen verbindet. Daneben aber hat jedes Tier Ausdrucksformen und korrespondierende Eindrucksfähigkeiten, die nur seiner Art zukommen und die deshalb zu mehr oder weniger tiefgreifenden Mißverständnissen zwischen Angehörigen verschiedener, selbst nahverwandter Arten führen können. Ein Beispiel von Haus- und Bengalkatze (s. S. 32/33) habe ich ja schon angeführt. Jeder aufmerksame Katzen-, Hunde-, Pferde-usw.-Freund weiß, daß seine Verständigung mit dem »Partner Tier« manchmal »wie von selbst« geht und dann plötzlich, scheinbar ganz ohne Grund, versagt. Dieses »Ausdrucks-Eindrucks-Esperanto« ist wohl auch eine der unbewußten Grund- und Vorbedingungen für die Entwicklung der »Du-Evidenz« (s. S. 7).

Wenn die Katze ihre Ausdrucks-Eindrucks-Ausstattung auch nicht zu lernen braucht, so heißt das doch nicht, sie könne in diesem Bereich nicht noch manches hinzulernen. Nur ohne die angeborene Grundausstattung könnte sie es nicht lernen, sie braucht sie als »angeborene Lehrmeisterin«, wie Konrad Lorenz das nannte. Das Jungkätzchen lernt z. B., daß die unterschiedliche Ausdrucksstärke einer erregbaren Tante und der mehr phlegmatischen Mutter »dasselbe« bedeuten; es lernt auch bis zu einem gewissen Grade, welche »Antworten« andere auf seine Ausdrucksbewegungen geben, und setzt letztere nun ein, um eine erstrebte Wirkung zu erzielen. Schließlich trennen die Tiere manche Ausdrucksbewegungen von der Befindlichkeit, die sie ursprünglich ausdrückten (und natürlich bei entsprechender Erregung immer noch ausdrücken), und benutzen sie zu bewußter Täuschung des Gegenübers oder gar als »Werkzeug«. So wird etwa das Gähnen des Nilpferds, ursprünglich eine Drohgeste, im Zoo zur erfolgreichen Bettelbewegung. In unserem Institutsjargon hörte sich das dann etwa so an: E: »Die Nova (eine unserer Goldkatzen) sagt, sie hat den ganzen Tag noch nichts zu essen bekommen!« – B: »Sie lügt, ich habe ihr eben zwei Ratten gegeben!« Solche »Lügen« hat man auch in einigen Fällen bei freilebenden Tieren beobachtet, so bei einer Silbermöwe, die mit ihrem Warnschrei andere erschreckte, so daß diese einen gerade ergatterten, fetten Bissen fallen ließen, den dann die »Lügnerin« im Fluge elegant aufschnappte. Ähnliches weiß man von Polarfüchsen, und sicher sind solche »Gaunerstückchen« bei Wildtieren viel häufiger, als sie beobachtet werden. Derartige Täuschungsmanöver gelingen deshalb, weil sich die Eindrucksmechanismen nicht in gleicher Weise »abkoppeln« lassen wie die Ausdrucksbewegungen. Der Eindruck, der »Angeborene Auslösemechanismus«, spricht auch auf geschauspielerten Ausdruck völlig unbelehrbar wie auf den »echten« an. Katzen vermögen ihre Mimik und Gestik nicht nur gezielt an ein bestimmtes Einzeltier in einer Gruppe zu richten, sie beschränken die Bewegung auch auf die dem Betreffenden zugewandte Seite (Halbseiten-Mimik). Natürlich lernen Katzen auch, ebenso wie Hunde oder Pferde, fremdartlichen Ausdruck zu deuten, für den sie kein angeborenes Verständnis haben.

Das Verhältnis von angeborenen Ausdrucksformen und dem ebenso angeborenen Vermögen, diese wahrzunehmen und darauf passend zu antworten, ist hier etwas vereinfacht dargestellt. Wer es genauer wissen will, muß sich an schwerere Kost machen, als sie dieses Büchlein bieten kann. Hier nur ein paar Anmerkungen. In der älteren Ausdruckspsychologie hat man immer angenommen, Ausdruck und Eindruck entstünden als Fähigkeiten zugleich, der Eindruck sei selbstverständlich mit jedem Ausdruck mitgegeben. Das ist aber durchaus nicht von Anfang so und auch bei sehr hochentwickelten Tieren nur zum Teil erreicht. Jedes Tier drückt vieles aus, worauf seine Artgenossen nicht unmittelbar reagieren. Daher habe ich auch in allen bisherigen Ausführungen ein überstrapaziertes Modewort bewußt vermieden und werde das auch weiter tun: »Kommunikation«.

In den Beziehungen zwischen Artgenossen und selbst zwischen verschiedenartigen Tieren gibt es kaum noch etwas, das nicht von irgendwem als »Kommunikation« gedeutet würde. Kommunikation aber besteht wesentlich aus Mitteilung und Empfang. Selbst wenn es uns gelänge, aus einer x Lichtjahre entfernten Galaxie Signale aufzufangen, die sich als Äußerungen intelligenter Wesen auslegen ließen, wäre das nicht der Beginn einer Kommunikation. Die Wesen, von denen diese Signale stammen könnten, lebten ja wohl kaum noch, und wir richteten unsere Antwort buchstäblich ins Leere. Das ist zwar ein extremes Beispiel; aber wenn ein Kater seinen Kot auf einem Stein an der Reviergrenze absetzt, täte er das ja auch, wenn es gar keine Nachbarn oder Streuner gäbe, an die sich die Botschaft richten könnte. Dennoch erhält eine Katze, die zufällig vorbeikommt, Kenntnis von einem Vorgang: »Hier hat Kater Mauz sein Revier abgesteckt« und von der seither vergangenen Zeit: »Er war vorgestern hier.« Das als »Kommunikation« unter einen gemeinsamen Oberbegriff zu bringen etwa mit dem Schnurren, das als Spielaufforderung an einen bestimmten, antwortbereiten Partner gerichtet ist, trägt nicht zum Verständnis bei.

OSKAR HEINROTH, der berühmte Vogelforscher und Wegbereiter der modernen Verhaltensforschung, soll einmal auf die Frage, warum Tiere keine Sprache entwickelt hätten, geantwortet haben: »Weil se sich nischt ze saren ha'm.« Das war wohl etwas voreilig. Tiere haben sich recht viel mitzuteilen, und das gelingt ihnen bewundernswerterweise auch ohne Begriffssprache ganz vortrefflich. Und wer will angesichts des Mäuse-Rattenruf-Beispiels noch behaupten, sie hätten auch keine Begriffe? Zwar gibt es viele Geisteswissenschaftler, die meinen, Begriffsbildung und Denken seien ohne Sprache nicht möglich, doch die jahrzehntelangen Untersuchungen OTTO KOEHLERS über das »vorsprachliche Denken« beweisen das Gegenteil.

ANGRIFF UND ABWEHR – DIE SOGENANNTE AGGRESSION

Fast alle Wirbeltiere kämpfen, meist innerhalb der eigenen Art oder mit andersartigen Gegnern, etwa um sie zu erbeuten oder, umgekehrt, um den Räuber abzuwehren. Hier interessieren uns zunächst die innerartlichen Kämpfe.

Jeder Leser hat schon die Spielkämpfe junger Kätzchen beobachtet und gesehen, wie da Angriff, Verteidigung, Flucht und Verfolgung aufeinanderfolgen und wie schnell dabei die Spielpartner die Rolle wechseln. Wer näher zusieht, kann die dabei verwendeten Bewegungen weiter aufgliedern und feststellen, wie die einen mehr zum Angriff, die anderen überwiegend zur Abwehr dienen (s. Tabelle S. 50). Die Einzelbewegung zeigt sich dabei als reine Drohung oder Warnung (Ausdruck, s.o.), als nicht völlig durchgeführte Intentionsbewegung oder »voll durchgezogen«. Tabelle 2 führt die einzelnen von Katzen im Kampf benutzten Verhaltensweisen nach Körperteilen geordnet, gemäß einem (hypothetischen) Gradienten »Angriff – Abwehr – Rückzug« auf. Der Gradient ist nicht »real«,

Abb. 16: Das schwarze Kätzchen greift an, das andere wehrt es mit einem Pfotenstoß ins Gesicht ab und lenkt so den Biß in eine andere Richtung.

A) Kampf- und Drohverhalten

Angriff ↑	Bewegungsweisen Lokomotion	Beißen	Vorderpfote	Hinterpfote	Kopfbewegungen	Stellungen	Lautgebung
	dir. Anlauf »Stelzen«	Nacken Hals Kehle	Greifen u. Heranziehen am Hals H'fuß		Schwenken »Schielen«	Aufgerichtet, hinten höher als vorn	»Katergesang« Knurren Grollen
	Schleichlauf	Rücken	Körper	Heranziehen (Baumozelot)	Senken	Vorn geduckt	
			Schlag n. Flanken			Drohbuckel	Fauchen
	Schleichen	Ellbg.	Rücken Kopf Pfoten	»Kicken«	Vorwärts		
↓	Schritt					»Hyänenstellung«	
Abwehr ↕		Maul auf Maul		Wegstoßen	Zurückziehen	Zusammengeduckt	Spucken
						Überrollen	Abwehrkreischen
Rückzug	Wegschleichen Flucht (Galopp)					Sich Drücken	

B) Freundliches Verhalten

Verhaltensweisen aus den Funktionskreisen »Mutter – Kind« und »Werbung – Paarung«	Spiel	Ruhestellungen	Lautgebung
Saugen an verschiedenen Körperteilen des Partners; Belecken und Beknabbern des Partners; Sich reiben a) an Gegenständen in Sicht des Partners b) am Körper des Partners Kopf Flanken Schultern unter Kinn des Partners Schwanz über den Rücken des Partners Köpfchengeben Nachfolgen	Kampfspiele; »Burgverteidigung«; Verfolgungsspiel; Beutespiel mit Partner	Nahe beieinander; Partner berühren sich; Kopf ruht auf Körper des Partners	Schnurren; Gurren; Mauzen

weil den verschiedenen Verhaltensweisen keine einheitliche, nur unterschiedlich abgestufte Antriebsform zugrunde liegt. Die Tabelle versucht, an zwei Beispielen darzustellen, wie die im Vorstehenden beschriebenen einzelnen Ausdruckselemente zusammenwirken können.

Teil A gliedert die Verhaltenselemente von Angriff, Abwehr und Flucht nach Körperregionen. Sie sind aufgeführt ohne Ansehen des Objektes, auf das sie sich richten können (Beute, Artgenosse, artfremder Feind).

Die Körperregionen müssen nicht gleich »gestimmt« sein; grob gesagt: Das Vorderteil, das ja näher an Feind und Gefahr ist, kann schon auf Abwehr oder gar Zurückweichen schalten, während das Hinterteil noch vorwärts zum Angriff strebt. Man darf also in Tabellenteil A keine waagerechten Linien als Ausdruck einer festen Zuordnung der auf gleicher Höhe liegenden Verhaltensteile ziehen. Fast jede Kombination ist möglich und drückt dann den inneren Widerstreit der Antriebe fein abgestuft aus. Abb. 17 verdeutlicht das etwas schematisch. Aber schon so ersieht man, daß die Zahl der Mischformen weitaus größer ist als »reiner« Angriff oder »reine« Abwehr.

Teil B hat keine Untergliederung der Ordinate, weil Freundlichkeit sich in Intensität und/oder Frequenz der Handlungen äußert und nicht in der Zusammenstellung der einzelnen Verhaltensanteile; diese sind vielmehr von der Situation bestimmt.

»Aggression« definierte LORENZ als »unprovozierten Angriff auf einen Artgenossen«. Vielfach jedoch hat man den Begriff weniger streng genommen und unterschiedslos jede Art von Angriff oder jede Art von Gewaltanwendung als »Aggression« bezeichnet. Hier wollen wir keine Mißverständnisse aufkommen lassen und diesen schillernden Begriff ganz vermeiden. Kampf- und Meideverhalten können sich verschieden äußern und Unterschiedliches leisten. Diese Leistungen müssen sich aber mit anderen zur Gesamtlebensleistung einigermaßen harmonisch zu einem lebensfähigen Kompromiß vereinen, wenn das Individuum ebenso wie seine Art überleben soll. Die Verhaltensweisen des Kämpfens und Ausweichens wären widersinnig ohne andere, welche die Individuen wieder für kürzere oder längere Zeit einander näherbringen – im wörtlichen wie übertragenen Sinne. Kurz und bündig heißt

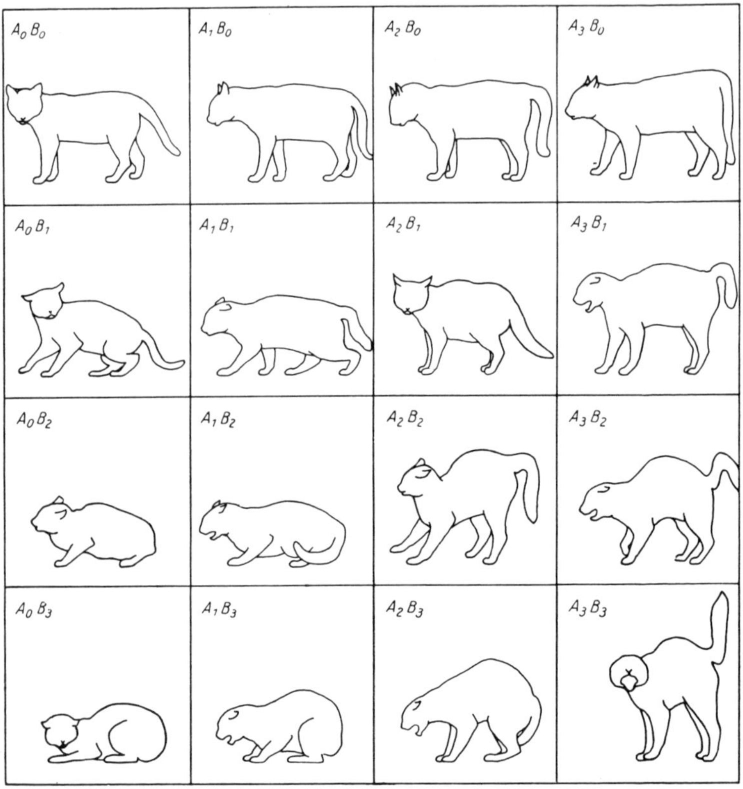

Abb. 17: Die obere, waagerechte Reihe stellt von links nach rechts steigende Angriffsdrohung dar, die linke, senkrechte zunehmende Abwehrbereitschaft. Die restlichen Quadrate zeigen Mischformen verschiedenen Grades aus beiden.

das: Käme es bei jeder Begegnung zwischen Artgenossen zum Kampf, so würde das zum Aussterben der Art führen, wenn einer der Kämpfer immer getötet oder auch nur schwer verletzt würde. Hemmungslose Furcht vor dem stärkeren Artgenossen würde zum Aussterben der Art führen, weil sie die Tiere unfähig machte, sich einander zu nähern, oder sie so weit zerstreute, daß sie nicht wieder zusammenkommen könnten. Der Drang zur Geselligkeit würde zum Aussterben der Art führen, wenn ihn nicht Verhaltensweisen zügelten, welche die Einzeltiere wie die Gruppen auf Ab-

Abb. 18: Stärkste Angriffsdrohung, entspricht Abb. 17, A3 B0. Die Ohren sind steil aufgerichtet, ihre Rückseite weist nach vorn; der Kopf schwenkt sehr langsam von einer Seite zur anderen, die Augen bleiben dabei aber stets auf den Gegner gerichtet. Die Pupillen sind bei reiner Angriffsdrohung (»kalter Zorn«) nicht erweitert.

Abb. 19: Eine wenig bekannte Besonderheit kämpfender Kater: Wenn sie beide gleichzeitig aufeinanderprallen, so stürzen sie oft übereinander und versuchen, einander in die Ellbogen zu beißen (s. a. Tab. S. 50). Das ist nicht auf die Gattung *Felis* beschränkt; ich habe tiefe Bißwunden im Ellbogen eines jungerwachsenen Tigers gesehen, die er sicher bei einem solchen Kampf erhalten hatte.

stand bringen und halten und damit die Zahl der Individuen im Verbreitungsgebiet begrenzen; denn eine zu große Individuenzahl und -dichte würde zur Übernutzung und damit Erschöpfung von Nahrung und anderen Hilfsquellen führen.

So konnten nur Arten überleben, denen es gelang, einen wenn auch schwankenden Ausgleich zwischen Abstand und Nähe zu finden. Die beteiligten Verhaltensweisen bilden ein Gesamtsystem, dessen Funktion es ist, die Verbreitung einer Population über den verfügbaren Lebensraum und die Anzahl und Dichte der Individuen darin zu regeln. Das ist notwendig, um einerseits zu verhindern, daß ihrer zu viele werden und sich dadurch die vorhandenen Lebensgrundlagen erschöpfen, und andererseits die Geschlechter ausreichend Gelegenheit finden, sich zu begegnen und sich fortzupflanzen. DESMOND MORRIS, der »Erfinder« des »Nackten Affen«, hat versucht, das alles als Zusammenwirken von drei großen Grundtrieben im sogenannten FAM-System (Flight, Attack, Mating = Flucht, Angriff, Fortpflanzung) zu beschreiben. Wie die Tabelle (s.S. 50) zeigt, sind diese Triebe aber keine dauernden Einheiten, sondern setzen sich aus vielen Einzelkomponenten zusammen, von denen ein großer Teil in allen dreien und noch anderen mitwirkt. Art, Dauer und unterschiedliche Stärke dieses Zusammenwirkens kennzeichnen dann den »Trieb«. Ein Trieb ist also eine stimmungsabhängige, ständig wechselnde Größe. Sie wird im jeweiligen Augenblick bestimmt von der Funktionsbereitschaft der beteiligten Einzelantriebe und dem sich daraus ergebenden Mischungsverhältnis. Aus dem FAM-Schema könnte man ebenso wie aus Abb. 17 ableiten, daß die verschiedenen Verhaltensweisen der Abwehr nur irgendwie aus Angriff und Flucht gemischt seien. Tatsächlich hat man das auch lange Zeit angenommen. Es ist aber nicht so. Sie haben eigene Antriebe und können daher auch für sich erstrebt werden: Man kann gar nicht so selten beobachten, wie eine Katze eine andere zum Angriff herausfordert und dann sich mehr oder weniger heftig verteidigt. Läßt der Angreifer daraufhin ab, erfolgt gezielt die nächste Provokation. Im Spiel der Jungtiere ist das besonders häufig zu sehen, ist aber keineswegs darauf beschränkt.

WIE ENTSTEHT EIN SOZIALSYSTEM?

Warum die Wirbeltiere ein so umständliches und auch riskantes Verfahren entwickelten, ihre Zahl und Dichte zu regulieren, läßt sich nur vermuten. Ich meine, es war der Preis für ihre »Höherentwicklung«: Ein immer verwickelterer Körperbau mit immer komplizierterer Leistung führte zu längerer Entwicklung und verminderter Anzahl der Jungen und damit zu weniger Individuen mit immer steigenden Ansprüchen an Qualität und Vielfalt von Lebensraum und Ressourcen. So bildeten sich überschaubare Herden, Rudel oder Gruppen, in denen alle Mitglieder einander persönlich kennen, jedes eine oder mehrere Rollen übernimmt. Das führt zu Arbeitsteilung in der Gruppe und gewährleistet deren Wettbewerbsfähigkeit nach außen. Die Bindungen innerhalb der Gruppe, Herde oder Nachbarschaft beruhen auf persönlicher Bekanntschaft der Individuen untereinander. Das unterscheidet Wirbeltiergemeinschaften von den sogenannten Staaten der Bienen, Ameisen und Termiten, in denen die Individuen eines Funktionsbereichs unterschiedslos austauschbar sind.

Sehen wir uns einmal an, wie das bei unserer Katze funktioniert. Katzen sind keine Herdentiere, die ohne festen Wohnsitz umherstreifen. Sie besetzen einzeln oder in einer kleinen Gruppe ein Revier, das einen bevorzugten, gut geschützten Ruheplatz (Heim erster Ordnung) hat und andere Plätze für Rast, Jagd, Sonnenbad und andere Tätigkeiten, die durch ein Netz von Wegen (Wechseln) miteinander verbunden sind. Wie schon erwähnt, gibt es da bei halb- oder ganz verwilderten Hauskatzen die verschiedensten Revierformen. Die Weibchen verteidigen ihre (Einzel- oder Gruppen-) Reviere entschiedener als die Kater. Da Katzen als bodenlebende Säugetiere nicht wie Singvögel von hoher Warte aus ihr Revier zu überblicken vermögen und die Eindringlinge ihre Anwesenheit auch nicht durch Gesang kundtun, bemerken sie einen Eindringling nur, wenn sie ihm mehr oder weniger zufällig im Grenzgebiet begegnen. Daher haben die Reviere keine scharfen Grenzen, sondern sie überlappen sich, wie weit, scheint mindestens teilweise von der Wohndichte abzuhängen. Die verhältnismäßig sehr kleinen Reviere der Leopardinnen im Wilpattu-Nationalpark von Ceylon (ca. 6 km^2) überlappen sich so gut wie gar nicht; sie sind eben übersichtlich genug, und Grenzverletzungen werden schnell bemerkt und geahndet. So ähnlich dürfte es auch bei den in Einzelrevieren lebenden Weibchen anderer Katzenarten zugehen. Kommt es bei Begegnungen zum Kampf, so siegt in der Regel das Tier, welches seinem Heim näher ist und also mehr »zuhause«. Das verleiht ihm, wie man im modernen Sportjargon sagen würde, »mentale« Überlegenheit gegenüber einem Gegner, der sich auf fremdem Gebiet unsicher fühlt. Die »mentale« Komponente kann durchaus selbst erhebliche Unterschiede in der rein physischen Kampfkraft der beiden Gegner ausgleichen. Der Sieg in einer solchen Auseinandersetzung verleiht daher auch keinen immer und überall geltenden Rang. Seine Wirkung bleibt an den Ort und oft auch an die Tageszeit der Begegnung gebunden. Am anderen Ort, zu anderer Zeit kann ein erneuter Kampf anders ausgehen. Auf diese Weise entwickeln sich zwischen Reviernachbarn nach Zeit und Ort geregelte »Nutzungsrechte« in den Grenzgebieten: Indem sich die Nachbarn angewöhnen, die Grenzgebiete zu verschiedenen Zeiten aufzusuchen, können sie diese gemeinsam nutzen, ohne sich darüber dauernd buchstäblich in die Haare zu geraten.

So entsteht innerhalb der Population eine Nachbarschaft mit festgefügten Besitz- und Rangverhältnissen, die im Tagesablauf der Tiere durch kleinste, oft kaum noch wahrnehmbare Ausdruckszeichen aufrecht erhalten werden. Dazu gehören vor allem auch die oben beschriebenen optisch oder geruchlich wahrnehmbaren Markierungen. Unruhe in dieses Gefüge bringt in der Regel nur der heranreifende Nachwuchs. Bei den in Gruppen lebenden Katzen ersetzen die heranwachsenden Weibchen die Verluste unter den erwachsenen; die überzähligen müssen abwandern. Wie sie dann unterkommen, ob sie bei anderen Gruppen unterschlüpfen dürfen oder eigene Reviere suchen müssen, ob und wie sie neue Gruppen gründen, ist noch nicht erforscht. Was die Töchter in Einzelrevieren lebender Hauskatzen tun, wissen wir nicht. Wir können nur vermuten, daß sie sich ähnlich verhalten wie die nachwachsenden Weibchen anderer in Einzelrevieren lebender Katzenarten (Tiger, Leopard, Luchs): Diese trennen sich allmählich von der Mutter, besetzen zunächst kleine Areale in deren Revier oder unmittelbar angrenzend. Ist kein Gebiet in der Nähe frei, so müssen sie dann schließlich abwandern.

Die Jungkater haben es schwerer. Sie müssen sich gegenüber den »alten Kämpen« durchsetzen und behaupten oder aus dem Bereich der Gruppe oder der revierbesitzenden Altkater verschwinden. Es sind daher diese Jungkater, welche den älteren die härtesten, längsten, immer wieder erneuten Kämpfe liefern: Wenn sie erst einmal eine Niederlage als endgültig hinnehmen, haben sie jede Aussicht verspielt, einen Platz im Kreise der »Arrivierten« zu erlangen. Auseinandersetzungen zwischen den letzteren beschränken sich oft auf Drohgebärden und »Kampfgesang«. Dann wenden sich entweder beide voneinander ab und gehen langsam, immer wieder an Boden und Gegenständen schnuppernd, davon, oder ein Tier gibt auf, hockt sich hin und »schaut umher«, während der Gegner den Platz abschnüffelt, oft demonstrativ harnspritzt, und dann langsam davongeht. Erst dann rührt sich der Kauernde wieder. Flucht oder deutliche Verteidigungsbereitschaft hätten leicht den Angriff des gerade überlegenen Gegners ausgelöst und zu einem richtigen Kampf geführt. Schwere Kämpfe gibt es außerdem mit aufstrebenden Jungkatern, wenn in der Nachbarschaft ein bisher beherrschender Kater altert und ein jüngerer ihm den Rang streitig macht.

Wie sich eine solche Entwicklung durch alle Stufen hindurch abspielt, habe ich am »Modellfall« von Vater und Sohn in einer gekäfigten Katzengruppe beschrieben. Ich kann's auch jetzt nicht besser: »Als der Jungkater »Herbert« seinen inzwischen alt gewordenen Vater M12 herauszufordern begann, besiegte dieser ihn anfangs jedesmal mühelos. Herbert wuchs aber schnell und war bald größer und schwerer als M12, und ihn schreckten als herausfordernden Jungkater Niederlagen nicht ab. Er setzte seine Herausforderungen fort. Diese bestanden aber immer nur aus »Katergesang« und aggressivem Drohimponieren. Nach kürzerem oder längerem Imponierduell war es immer der Vater, der angriff. Die dann folgenden Kämpfe wurden immer länger und heftiger, je kräftiger Herbert wurde. Das Herz des alten Katers war diesen Anstrengungen nicht mehr gewachsen: Er blieb häufig nach einem solchen Zusammenprall erschöpft auf der Seite liegen. Herbert drohte ihn dann zwar aus geringer Entfernung an, näherte sich ihm aber nicht weiter und griff ihn niemals an. Einigemale versuchte er allerdings, um den lie-

a

b

Abb. 20: a) M 12 und Herbert nähern sich einander drohend; das abgesenkte Hinterteil von M 12 bedeutet hier nicht weniger Angriffslust, sondern ist Vorbereitung auf den Sprung nach dem Nacken des Gegners.
b) Nach dem Zusammenprall liegt M 12 abwehrbereit halb auf dem Rücken, Herbert steht drohend vor ihm.
c) Herbert wendet sich – immer noch drohend – von M 12 ab; dieser hat sich herumgerollt und behält ihn im Auge.
d) M 12 liegt immer noch erschöpft, nach Atem ringend, auf der Seite, Herbert hat sich ihm wieder zugewandt, greift aber nicht an, sondern wartet, bis M 12 die Feindseligkeiten wieder aufnimmt.

c

d

genden Alten einen Bogen zu schlagen und in seinen Rücken zu kommen, worauf dieser sich langsam auf die andere Seite wälzte. Freilich bot der flach hingestreckte Vater keinen der kampfauslösenden Reize, aber das allein erklärt wohl nicht hinreichend, warum Herbert ihn nicht angriff. Was ihn zurückhielt, war ein vom tatsächlichen »Kampfwert« des Vaters nicht mehr gebotener »Respekt«. Sein Mut reichte zu Drohgesang und -gebärde, aber noch nicht zum Angriff. Er wartete, bis M12 sich erholt hatte, Drohstellung einnahm und ihn seinerseits angriff. Immer noch obsiegte im Zusammenstoß unweigerlich der alte Kater. Erst nach Monaten begann sich allmählich ein Gleichgewicht einzustellen, das als Vorbote der endgültigen Niederlage des alten Katers anzusehen war.« Wir ersparten ihm diese und versetzten ihn rechtzeitig in ein komfortables Einzelquartier. So haben wir es also hier mit zwei Systemen zu tun, dem der Katzen und dem der Kater, die sich erst zu einem Ganzen fügen müssen. Geschlecht ist im Bereich der Wirbeltiere und ganz besonders der Säugetiere mehr als nur Begattung und Fortpflanzung. Es trägt entscheidend bei zum Aufbau komplexer, gegliederter Ordnungen, die den vielfältigeren, aber auch risikoreicheren Angeboten und Anforderungen einer immer intensiver genutzten Umwelt zu begegnen vermögen.

KATZE, MAUS UND VOGEL

Das »Raubtier«

Bisher haben wir die Katze als soziales Wesen betrachtet, ihre Fähigkeit, sich mitzuteilen und zu verstehen und auch einmal mißzuverstehen, und die aus der Verständigung sich aufbauenden Beziehungen zwischen Gruppenmitgliedern und Reviernachbarn. Werbung, Paarung und Jungenaufzucht, die ja auch auf Verständigungsmittel angewiesen sind, sollen uns erst später beschäftigen. Ich wollte ausdrücklich darstellen, daß ein Tier, das gern »für sich allein geht«, weder ungesellig noch sozial unbegabt sein muß, ja darf. Die Feinheiten einer nachbarschaftlichen Ordnung sind nicht weniger komplex als das Sozialgefüge einer engverbundenen Gruppe, eines Rudels, einer Herde, und die Grenzen zwischen diesen Formen sind fließend. Aber es läßt sich nun einmal nicht leugnen, daß alle körperlichen Eigenschaften, alle Verhaltensweisen, ja alle Lebensleistungen eines Raubtiers auf die besondere Art seines Nahrungserwerbs ausgerichtet sind. Auf die Familie der Katzenartigen, deren Mitglieder einseitiger als zum Beispiel die Bären auf reine Fleischnahrung eingestellt sind, trifft das in ganz besonderem Maße zu. Es ist dies eine Seite der Katzennatur, die vielen empfindsamen Menschen, auch Katzenfreunden, als unliebenswürdig, ja schwer zu ertragen erscheint. Die Katze ist ein Raubtier. Freund GRZIMEK fand, diese Bezeichnung enthalte bereits ein Werturteil, ja eine moralische Verurteilung, und hat lebenslang versucht, an ihrer Stelle »Beutegreifer« einzuführen, ohne Erfolg. Auch in der Sprachentwicklung spielt das Moment der Trägheit eine kaum zu überwindende Rolle. So wollen wir's beim eingebürgerten »Raubtier« belassen, zumal den meisten Menschen das darin liegende Urteil kaum noch bewußt ist; nur bei der pleonastischen Worthülse »Raubkatze« ziehe ich eine Grenze: »Katze« reicht völlig aus, zu sagen, um welche Art von Raubtier es sich handelt.

Auch die Vorfahren unserer Hauskatzen waren von Natur aus auf reine Fleischnahrung angewiesen. Im Verlauf der Haustierwerdung hat sich das nur wenig geändert. In der freien Natur aber gibt's weder Metzger noch Einzelhandel, ein Fleischfresser muß sich seine Nahrung also selbst beschaffen. Manchmal liegt da etwas Totes herum, und man braucht nur zuzulangen. Aber oft liegt es schon zu lange und riecht, und Katzen sind penible Kunden. Die meisten Arten wollen nur Frisches. Die Natur hat sie also mit dem Werkzeug ausgerüstet, noch lebendig herumlaufendes Fleisch zu fangen, schnell und sicher zu töten und zum Verzehr zu bereiten. Die überwiegende Mehrzahl von uns macht's nicht anders, nur daß wir dank Arbeitsteilung von der weniger feinen Seite der Angelegenheit nichts merken. Deshalb sollten wir lieber nicht die Nase rümpfen angesichts der Katze, die ihre Maus selber schlachten muß. In der Regel tut sie es schneller, sachgerechter und schmerzloser als der menschliche Schlachter. Damit der Leser oder die geneigte Leserin das verstehen, bitte ich ihn (sie), den natürlichen Abscheu vor der Sache zu überwinden und der Katze bei ihrem Handwerk einmal zuzuschauen. Als Lohn winkt die für manche vielleicht überraschende Entdeckung, daß viele der liebenswürdigsten Seiten unseres Schmusetieres aus seiner Raubtierexistenz erwachsen sind.

Ein Pflanzenfresser hat bei der Nahrungsbeschaffung allenfalls die Sorge, ob er die richtige Sorte in ausreichender Menge findet. Die Nahrung ist am Ort festgewachsen, sie läuft nicht davon und wehrt sich auch nicht, verfügt höchstens über passive Abwehr wie Dornen, Bitter- und Giftstoffe und dergleichen. Der Pflanzenfresser braucht also nur dahin zu gehen, wo sein Grünzeug wächst, und der Tisch ist gedeckt.

Fleisch läuft auf Pfoten, Hufen oder Krallen herum, schwimmt im Wasser oder fliegt davon und ist durchaus nicht gesonnen, sich ohne weiteres in ein noch so dringend benötigtes Abendessen verwandeln zu lassen. Wer Fleisch essen will oder muß, muß die Beute ereilen, überlisten, überwältigen, muß schlauer, schneller, gewandter und auch rücksichtsloser sein als sie. Dazu muß bereits die Organausstattung geeignet sein. Daß Katzen zurückziehbare Krallen haben, die in ihren Scheiden vor Abnutzung geschützt sind und ständig nachwachsen, ist jedermann bekannt, ebenso, wie gut sie sich eignen, damit andere Tiere festzuhalten, aber auch kleine Bröckchen zu greifen und zu Munde zu führen. Die Katzenpfote ist, anders als etwa die Hundepfote, nicht nur ein Laufwerkzeug, sondern auch ein

Abb. 21: Die Augen der Katze sind nach vorn gerichtet und daher wie die unseren befähigt, kurze Entfernungen zu einem Ziel genau zu messen.

Greifinstrument und daher weicher, beweglicher und vielseitiger verwendbar als jene. Außerdem haben Katzen ein – wenn auch sehr weit rückgebildetes – Schlüsselbein. Das befähigt sie, mit der Pfote seitwärts auszuholen und so zum Beispiel eine nach der Seite ausbrechende Maus zu fangen, ohne den ganzen Körper in ihre Richtung wenden zu müssen.

Das Rückgrat der Katzen ist weitaus biegsamer als bei vergleichbaren Huftieren oder Nagern. Das verleiht ihnen nicht nur größere Wendigkeit, sondern ermöglicht ihnen auch einen raumgreifenderen Galopp, weil sie die Hinterpfoten weit vor den Fußpunkten der Vorderpfoten aufsetzen können. Da die Hinterpfoten außerdem im Verhältnis zum Körpergewicht eine größere Fläche haben als die

Hufe einer Gazelle oder die Füße einer Ratte, bringen sie ihre Antriebsenergie wirkungsvoller auf den Untergrund. Am Ende ist der Pflanzenfresser zwar schneller, aber er braucht länger, bis er seine Endgeschwindigkeit erreicht. Im Bereich von 0 bis 40 oder 50 km/h liegt der Vorteil der besseren Anfangsbeschleunigung eindeutig bei der Katze. Dem entspricht ihre Taktik, sich in Deckung unbemerkt so nahe wie möglich an die Beute heranzuschleichen und sie dann in einem überraschenden Ansturm zu erreichen, ehe diese ihre größere Schnelligkeit ausspielen kann.

Das Gebiß der Katze ist ein erstaunliches Vielzweckwerkzeug. Eine Brechschere zum Zerschneiden der Nahrung, tauglich auch noch zum Knacken nicht zu starker Knochen; kleine Schneidezähne zum Benagen von großen Knochen, aber auch zum Strählen des Fells und zum Fangen von Fellparasiten; und dann die langen Eckzähne als Tötungswerkzeuge. Die Eckzähne des Unterkiefers sind kürzer und stärker gebogen. Sie haken sich in der Haut des Opfers fest, während die langen, fast geraden Eckzähne des Oberkiefers in den Körper eindringen und bei sehr kleinen Beutetieren wie Mäusen Herz und Lunge durchbohren, bei größeren wie Ratten oder Kaninchen sich wie Keile zwischen die Halswirbel zwängen und das Halsmark durchtrennen. Bei allen kleineren Katzenarten ist das die häufigste Weise zu töten. Sie wirkt augenblicklich, auch wenn der Körper eines so getroffenen Tieres sich oft noch minutenlang konvulsivisch windet. Zugriff und -biß müssen genau gezielt sein. Die Augen der Katzen blicken daher fast ganz in Richtung der Körperlängsachse, ihre Gesichtsfelder überschneiden sich sehr weitgehend (Horopter). Das ist bei allen Tieren so, die aus irgendeinem Grund die Entfernung naheliegender Gegenstände genau abmessen müssen. Wenn beide Augen ein solches Ziel anvisieren, dient der Winkel zwischen ihren Sehachsen zur Entfernungsmessung. Die ganze komplizierte, dazu nötige Rechnung führt das Gehirn automatisch aus und lenkt dann Pfoten und Zähne zu ihren Zielpunkten. Das heißt natürlich nicht, die Katze brauche sonst gar nichts mehr zum Erfolg zu tun. Davon später mehr. Übrigens haben Katzen in etwa die gleiche Sehschärfe wie wir Menschen. Auch die berühmten »Luchsaugen« leisten nicht wesentlich mehr. Früher hielt man Katzen für völlig farbenblind. Eingehendere Untersuchungen haben aber ergeben, daß sie sehr wohl Farben sehen können, ihnen aber

Abb. 22: Spielerischer Beuteansprung eines Jungkätzchens auf ein Geschwister.

wenig Aufmerksamkeit schenken; es ist deshalb nicht leicht, sie auf bestimmte Farbreize oder gar -nuancen zu dressieren. Ob das bei überwiegend tagaktiven Katzenarten wie etwa den Geparden auch so ist, hat man noch nicht untersucht. Bekannt ist dagegen, daß Katzen im tiefen Dämmerlicht um ein Vielfaches besser sehen als Menschen. Bei völliger Dunkelheit sieht aber auch eine Katze nichts.

Das Gehör der Katze reicht weit über den für uns noch wahrnehmbaren Bereich (höchstens 20.000 Hz) hinauf: Mindestens bis 40.000, wahrscheinlich bis 60.000 Hz. Um 40.000 Hz oder etwas darüber liegen die sogenannten Stimmfühlungslaute, mit denen Mäuse und andere in Erdbauten lebende Kleinnager sich laufend über ihre Bewegungen im Bau und in seiner nächsten Umgebung unterrichten. Eine Katze kann also hören, ob etwa ein Mitglied der Wohngemeinschaft sich dem Höhlenausgang nähert. Wenn sie mit schier endloser Geduld vor einem Mauseloch wartet, braucht sie sich keineswegs zu langweilen; sie hört alle »Mäusebeeps« ab. Auch das Richtungshören ist bei den Katzen bestens ausgebildet. Sie können rein nach Gehör eine Maus unterm Heu einer Scheune oder unter der Waldstreu orten und greifen. Ein ganz besonderes Sinnessystem sind die »Schnurrhaare« (Vibrissen). Mit der Lautäußerung des Schnurrens haben sie allerdings nichts zu schaffen. Sie sind vielmehr Hilfsorgane eines in vielerlei verschiedene Funktionen ausdifferenzierten Tastsinnes. Vor allem die auf der Oberlippe wachsenden Vibrissen warten mit einer erstaunlichen Leistungsvielfalt auf. Zwar vermutete man immer schon, Katzen tasteten damit enge Durchlässe ab, und ich fand heraus, daß sie damit über die Körper ihrer getöteten Beutetiere fahren und so feststellen, in welche Richtung Haare oder Federn daran weisen, also wo Kopf oder Hinterende sich befinden. Aber erst KAY GOTTSCHALDT, ein junger, inzwischen verstorbener Göttinger Forscher, entdeckte, wie vielfältig Aufbau und Leistungen dieses Systems sind. Am Grunde des Haarsinus, also der Wurzel, befinden sich vier verschiedene Arten von Sinneszellen. Die von diesen übermittelten Erregungsdaten werden auf außerordentlich komplizierte Weise in verschiedenen Hirngebieten ausgewertet. Die Katze ist dadurch in der Lage, Grad, Richtung, Geschwindigkeit, Dauer und gegebenenfalls auch den Rhythmus der Ablenkung aus der Normalstellung einer bestimmten Vibrisse wahrzunehmen.

Untersucht man nun das Zusammenwirken der verschiedenen Sinnesgebiete näher, stößt man auf eine scheinbare Ungereimtheit: Wenn man einer Katze die Augen verbindet, findet sie eine Maus allein nach dem Gehör, und sobald sie sie dann mit den Vibrissen berührt, beißt sie zu. Beraubt man sie aber zusätzlich der Vibrissen, so kann sie die Maus auch nach dem Gehör nicht mehr finden, obwohl sie es ja zuvor konnte und die intakten Vibrissen daran nicht beteiligt waren. Über den Grund kann man bisher nur spekulieren. Ein Sinnesorgan ist ja nicht nur ein passiver »Detektor«, der etwa wie ein elektronischer Sensor in immer gleicher Weise auf einen eintreffenden Reiz reagiert. Vielmehr wird seine Einstellung ständig verändert und an Erfahrung und innere Antriebslage des Tieres angepaßt. Diese »von innen« erfolgende Einstellung bedingt, daß bestimmte Reizeinflüsse »erwartet« werden. Bleiben sie aus, werden Tier wie Mensch mehr oder weniger stark gestört. Die Gesamterwartung aus der Verrechnung des Eingangs aller Sinnesgebiete kann nun den Ausfall der Meldungen eines der Sinne ausgleichen oder »übergehen«. Bei mehreren, im vorliegenden Falle zweien von dreien, wird aber das Tier so verwirrt, daß es die Meldungen des noch funktionierenden Sinnes nicht mehr »für wahr« nimmt: Wenn zwei Instanzen eine »Nullmeldung« abgeben, kann die einzelne dritte doch nicht recht haben!

Die ganze prächtige »Werkzeug-« und Sinnesausstattung unserer Katze hat sich in Jahrmillionen entwickelt. Die ersten Raubtiere verdienten den Namen noch kaum. Sie ernährten sich wahrscheinlich überwiegend von Insekten und anderen kleinen, wirbellosen Tieren. Allmählich nahm die Zahl der Arten zu, der Wettbewerb zwischen ihnen ebenfalls. So wichen manche von ihnen auf größere und warmblütige Beute aus. Gleichzeitig entwickelten und vermehrten sich aber auch die pflanzenfressenden Säugetiere und Vögel, die Vielfalt des Angebots stieg und setzte damit einen weiteren Anreiz für die Räuber, sich in verschiedene Richtungen zu entwickeln und auf unterschiedliche Beute zu spezialisieren, ihre Verfahren des Beute-Erwerbs entsprechend auszubilden. So entstanden die Marder und Schleichkatzen, die Hundeartigen und Bären und schließlich die Katzen. Manche kleine Mangustenarten (dem Mungo ähnliche Raubtiere) laufen einfach auf eine Beute zu und beißen irgendwo hinein, so oft, bis das Tier sich widerstandslos essen läßt. Etwas weiter entwickelte Formen wie etwa die Zibetkatzen wissen schon den Zubiß nach dem Vorderende des flüchtenden Beutetiers zu richten, also nach Kopf und Hals als den Körperteilen, deren Verletzung die Beute am schnellsten hilflos macht oder tötet. Bei den Katzen schließlich und einigen anderen hochentwickelten Raubtieren dienen krallenbewehrte Greifpfoten dazu, die Beute festzuhalten. Der tödliche Biß kann dann sein Ziel noch sicherer finden.

Schauen wir zu, wie sich das alles bei der jungen Katze darstellt. Das mit einem Wollknäuel herumtobende Kätzchen ist der Inbegriff des geschmeidig-anmutigen, harmlos-vergnügten Spiels. Eines Tages aber befindet sich an Stelle des Spielzeugs die erste richtige Maus, und schon erscheint uns die gleiche Szene als Ausdruck sinnloser Grausamkeit, die ihre Lust an der langen Qual des wehrlosen Opfers findet. Aus dem Schmusekätzchen ist plötzlich ein wildes Tier geworden, und doch hat sich am Verhalten der Katze nichts geändert! Lassen wir die Wertungen menschlicher Sozialethik und alle Sentimentalität beiseite, versuchen wir auch nicht, die Katze »moralisch« zu rechtfertigen. Sie hat ganz sicher keine irgendwie geartete Vorstellung von den etwaigen Ängsten und Qualen des Beutetieres, und dies eben unterscheidet das Raubtier vom menschlichen Jäger.

Verfolgt man aufmerksam die Entwicklung des Katzenspiels von den ersten tapsigen Versuchen bis zu den gewagten Kapriolen der »Halbstarken«, könnte man meinen, die Jungkatzen übten und lernten da für den späteren »Ernstfall«. Doch alle wesentlichen, dem Beutefang dienenden Einzelhandlungen braucht eine Katze weder zu lernen noch einzuüben; sie sind angeboren. Spielende Katzen treiben Sport; sie stärken Muskeln, Sehnen und Knochen, und dadurch steigern sie die Erfolgssicherheit der Bewegungsausführung, ohne die angeborenen Bewegungsmuster zu verändern. Dies gilt auch für die Bewegungselemente von Kampf, Flucht, Verfolgung, Paarung usw., die genauso ins Spiel einbezogen werden. Keine dieser Bewegungsweisen braucht im herkömmlichen Sinne erlernt zu werden, wohl aber müssen manche, einmal herangereift, einigermaßen regelmäßig betätigt werden. Sonst schwächen sich ihre Antriebe, und das Tier wird zu ihrer Ausführung unfähig.

Die einzelnen Verhaltensweisen reifen nun nicht miteinander und zugleich heran, sondern unabhängig voneinander, in einer bestimmten Reihenfolge: Gewöhnlich reift das Ergreifen der Beute zuerst, dann das Haschen und Belauern, und erst zum Schluß das Töten und Verzehren der Beute. Bei mancher Hauskatze kommt die Fähigkeit, ein Beutetier mittels gezielter Nackenbisse zu töten, gar nicht mehr zur Reife; eine solche Katze belauert, beschleicht, hascht und fängt ihre Beute zwar, faßt sie auch mit dem Fang und trägt sie umher, tötet sie aber nicht. Die Handlungskette bricht vielmehr an diesem Punkt jedesmal ab, die Katze läßt das Tier wieder laufen und hascht dann erneut danach. Dieses »Spiel« kann zwar bei längerer Dauer auch zum Tode der Beute führen; doch das ist gleichsam von der Katze »nicht beabsichtigt«.

Während die Endhandlung »Töten durch Nackenbiß« oft abgeschwächt ist oder ganz ausfällt, können die anderen oben aufgezählten Fanghandlungen, besonders das Haschen, deutlich zunehmen: Man erhält dann eine der bekannten unermüdlichen Spielkatzen.

Die Unfähigkeit zu töten kann ein völliger Antriebsausfall sein, wie er als Domestikationsfolge immer wieder bei allen möglichen Haustieren auftritt, aber auch darauf beruhen, daß die Entwicklung des Tieres in der einen oder anderen Hinsicht auf einer jugendlichen

a

b

c

d

e

f

g

Abb. 23: Diese zierliche Katze tötete niemals; die Abb. a–g zeigen Phasen des im Text beschriebenen Vorgangs. Sie war zwar eine gute Mutter, schaffte aber auch ihren Jungen nicht wie andere Katzen zuerst tote, sondern nur lebende Beute heran.

Stufe stehenbleibt; eine Hauskatze wird ja nie »richtig erwachsen«, was wir im Falle der Erhaltung des kindlichen Anschlußbedürfnisses an unserem Schmusetierchen so hinreißend finden. Auch die Beißhemmung ist ein solches Jugendmerkmal. Sie hindert die Kätzchen daran, ihren Geschwistern gefährliche Verletzungen beizubringen. Wird sie später nicht überwunden, bringen die Katzen das Töten »nicht fertig«; sie spielen nur mit der Maus herum und lassen sie mehr oder weniger verletzt, viertel-, halb- oder vielleicht auch ganz tot liegen. Manchmal faßt eine solche Katze sich schließlich doch ein Herz und beißt richtig zu, häufig dann, wenn der Mensch oder eine Mitkatze versuchen, der Katze ihr Beutetier wegzunehmen. Dies verleitet viele Katzenfreunde zu der irrigen Annahme, Muschi hätte »es jetzt gelernt«. Tatsächlich aber hat der Streß durch die Androhung des »Mundraubes« besagte Muschi über die Hemmschwelle gehoben: Jetzt oder nie! So kann aus Muschi doch noch eine ganz passable Mausekatze werden, es sei denn, sie bleibt von den »Anregungen« der Konkurrenz den Rest ihres Lebens abhängig. Auf dem gleichen Prinzip beruht übrigens auch die Methode, nach der die Mutterkatze ihre Kinder »lehrt«, Mäuse zu fangen: Sie setzt die noch lebende Maus vor den Augen der Jungen ab und ergreift sie schleunigst wieder, wenn eines davon herankommt. Will das Kleine seine wachsende Neugier befriedigen, so muß es schneller als die Mutter sein und ihr die Maus im wörtlichen Sinne vor der Nase wegschnappen. Mit Vormachen und Nachahmung, also einem Lernvorgang, hat das alles nicht das geringste zu tun, eher mit Konkurrenzneid; auch das Töten kann die Katze wie alles andere zum Räuberhandwerk Gehörende gleichsam »von selbst«. Sie muß vielmehr etwas *ver*lernen, nämlich die übergroße Zaghaftigkeit beim Zubeißen.

Auch frühverwaiste Kätzchen sind aus eben diesem Grunde oft stümperhafte Mäusejäger, wenngleich mit ihren angeborenen Fähigkeiten alles in Ordnung sein mag. Die Erklärung, warum eine zu früh von Mutter und Geschwistern weggerissene Jungkatze es erst spät oder gar nicht fertigbringt, eine gefangene Maus richtig totzubeißen, ist ebenso einfach wie für die meisten Menschen überraschend und unglaublich: Furcht! So erheiternd das klingen mag, jede Katze, selbst die allerbeste und routinierteste Mäuse- und Rattenfängerin, fürchtet sich vor der Maus; ein ganz klein wenig nur, so wenig, daß normalerweise der Beobachter nichts davon wahrnimmt. Es bedarf schon gewisser experimenteller Kunstgriffe, um dies kleine, allgegenwärtige Quentchen Furcht sichtbar zu machen. Doch bei der ersten Begegnung des kleinen Kätzchens ist diese Furcht noch ganz groß. Kein Wunder, im Verhältnis zum etwa vier Wochen alten Kätzchen ist doch eine ausgewachsene Maus ungefähr so groß wie ein Bullterrier im Verhältnis zum Menschen; und wie viele Menschen fürchten sich nicht vor noch viel kleineren Hunden! Man mag vielleicht einwenden, der Mensch, wenigstens in unseren Breiten, ernähre sich ja auch nicht von Hunden; für eine Katze jedoch sei eine derartige Furcht ganz unsinnig und geradezu grotesk.

Grotesk sieht es auch wirklich aus, wenn eine ausgewachsene Katze mit lautem Schrei vor einer Maus zurückfährt, die sie gerade – in die Pfote gebissen hat. Und das kommt vor! Anders herum betrachtet ist es ja auch wieder logisch: Eben weil eine Katze Mäuse töten muß, hat sie Grund, sich vor ihnen zu fürchten, denn auch das schwächste Tier wehrt sich natürlich nach Kräften gegen das Gefressenwerden (wobei es einer Maus auch gleichgültig sein kann, ob dies so adrett vor sich geht, daß man von einem »Gegessenwerden« sprechen muß ...).

Das kleine Kätzchen nähert sich also der ersten Maus, wie jedem

Abb. 24: Gehemmtes Spiel:
a) Annäherung an eine tote Taube; die tief geduckte Haltung
b) Vorsichtiges Beschnuppern
c) Antippen

neuen, noch unbekannten Ding, mit allen Anzeichen der Furcht, die lediglich durch eine noch größere Neugier allmählich überwunden wird. Alles geht sehr zaghaft voran, vom ersten Betasten mit der geschlossenen Pfote bis zu immer kühneren Hieben, bei denen sich die Krallen wie von selbst spreizen. So entwickelt sich das Zupacken und anschließende Heranziehen, womit sich die Katze kleiner Beutetiere bemächtigt. Auch das Hineinbeißen erfolgt erst noch vorsichtig: Ganz sachte nur fassen die Zähnchen zu, längst nicht fest genug, um die Maus auch nur zu verletzen. Es ist die Rage, in die unser Kätzchen kommt, wenn die Geschwister auch einmal an das neue Spielding wollen, die es erstmals und am ehesten seine Furcht für einen Moment vergessen und schnell und heftig zubeißen läßt, um seinen »Besitz« in Sicherheit zu bringen. Es macht dabei die Erfahrung, daß das Ganze offenbar ungefährlich ist – sogar um so ungefährlicher, je fester es zubeißt. Damit kommt es wohl auf den Geschmack, und gleichzeitig verliert es bald die Furcht vor der Beute – bis auf jenen Rest, der auch noch in der stärksten und kühnsten Katze lebendig ist. Auch sie wird unbekannte Gegenstände und Tiere zunächst antippen. Sie tut es ebenfalls, wenn sie sich gestört fühlt oder gerade nicht recht in »Fangstimmung« ist oder wenn es sich um ein Beutetier handelt, vor dem ihr graust, z. B. große Insekten, Spitzmäuse, Maulwürfe und Kröten. Die Bewegungen sehen teils ängstlich-zaghaft, teils spielerisch-gelangweilt aus; deshalb sprechen wir hier von einem »gehemmten Spiel«.

Die Mutter bringt die erste, lebende Beute zu den Kätzchen, wenn diese etwa vier Wochen alt sind. Die Fanghandlungen und besonders das Töten sind zu diesem Zeitpunkt noch nicht voll ausgereift. Da im Laufe der nächsten Tage die Versuche immer erfolgreicher werden und nach etwa einer Woche wiederholter »Übung« Fangen und Töten perfekt sind, sieht das so aus, als lerne das Kätzchen, wie man so richtig eine Maus fängt. Hindert man aber die Mutter daran, so frühzeitig Beute zu Neste zu tragen, und läßt dies erst zu, wenn die Jungen etwa sechs Wochen alt sind, so zeigt sich, daß unser Kätzchen jetzt schon bei der ersten Begegnung seine Maus ohne Zögern fängt und meist sofort mit Nackenbiß tötet. Die zwei zusätzlichen Wochen haben die Handlungen – das Können und das Wollen – völlig ausreifen lassen. Wenn die Mutter früher Beute heranträgt, so beschleunigt das die Reifungsvorgänge um etwa

Abb. 25: Auch für eine erwachsene, erfahrene Katze ist die Bewegung des Beutetieres der stärkste Anreiz zum Fang. Sitzt ein Beutetier ganz still, so findet die Katze es oft auf kürzeste Entfernung nicht; der Geruchssinn spielt beim Beutefang eben nur eine untergeordnete Rolle.

eine Woche; mit Lehren und Lernen hat das aber gar nichts zu tun. Kann das Kätzchen erst einmal richtig töten, so ist die Sache damit aber nicht zu Ende: Es muß jetzt in Übung bleiben, sonst beginnt nach etwa drei Monaten der Antrieb schwächer zu werden. Er ist ähnlich wie ein Muskel von einigermaßen regelmäßiger Beanspruchung abhängig und muß nach Schwund wie dieser langsam wieder hinauftrainiert werden. Das Können, das Bewegungsprogramm sozusagen, ist davon aber nicht betroffen, wie wir noch sehen werden, eben nur das Wollen, der Antrieb. Man sieht an diesem Beispiel, wie verwickelt innere Reifungsvorgänge mit äußeren Anreizen und Bewegungsbetätigung zusammenwirken, um die fortdauernde Funktion eines scheinbar so einfachen Vorgangs »Katze sieht Maus, läuft hin und beißt sie tot« aufrechtzuerhalten. Wenn die Mutter lebende Mäuse heranträgt, erfährt das junge Kätzchen bald, daß eine unbeweglich sitzende Maus oft davonläuft, wenn es sie antatzt, und das um so sicherer und schneller, je kräftiger der Anstoß ist. Ein davonlaufendes kleines Tier ist aber genau der Reiz, der das Kätzchen geradezu zwanghaft und ohne vorherige Erfahrung die Beute verfolgen und packen läßt. Anfangs ist es oft noch ungeschickt und gibt der Maus nur einen neuen Anstoß, davonzulaufen. Das kann sich mehrfach wiederholen, ehe die »Novizin« einmal richtig zufaßt. Zwischendurch macht diese dann die Erfahrung, daß sich auch andere kleine Gegenstände zum »Weglaufen« anregen lassen, wenn man sie nur stark genug anstößt. So lernt das Kätzchen, durch »richtige« Anwendung einer angeborenen Instinktbewegung, sich selbst die Ausgangssituation für das Erhaschen eines davonlaufenden kleinen Gegenstandes zu schaffen – es erfindet das Haschespiel. Dieses Beispiel zeigt sehr schön, wie falsch es wäre, einfach zu sagen, die Katze »lerne das Haschespiel«. Es kommt vielmehr darauf an, genau festzustellen, was an welcher Stelle des gesamten Ablaufs und wie zu lernen ist. Verfolgen und Haschen bzw. Zubeißen sind angeboren, ihre Ausführung ist lustbetont; sie liefern den Antrieb, nach einer zu ihrer Ausführung geeigneten Situation zu suchen (Appetenzverhalten) und – stellt sich diese nicht ohne Zutun ein – zu lernen, wo man sie finden kann oder wie man sie herstellt.

Vor dem Verzehr rupfen die Katzen manche Beutetiere, vor allem Vögel. Sie zupfen die Federn (oder besonders lange Haare) aus und schleudern sie mit einem heftigen Kopfschütteln fort. Aus dieser Bewegungsform entsteht im Zusammenwirken mit Haschen und Heranhakeln der Spieldinge als weitere Spielform »Fangball«: Eine Pfote oder beide ziehen das Spielding heran und führen es zum Maul. Die Katze erfaßt es mit den Zähnen, schüttelt es ein-, zweimal hin und her und schleudert es dann weg oder hoch, fängt es oft mit den Pfoten wieder auf und wiederholt das Ganze. Hasche- und Fangballspiele bezeichne ich als »Stauungsspiele«. Die Lust am Fangen steigert sich nämlich schneller und stärker als der Drang zum Töten und Verzehren der Beute. Wird die gesamte Abfolge der Beutefanghandlungen vom Beschleichen und Belauern bis hin zum Töten längere Zeit nicht betätigt, so spielen selbst sehr hungrige Katzen erst längere Zeit mit der lebenden Beute, ehe sie dieselbe töten und verzeh-

a

b

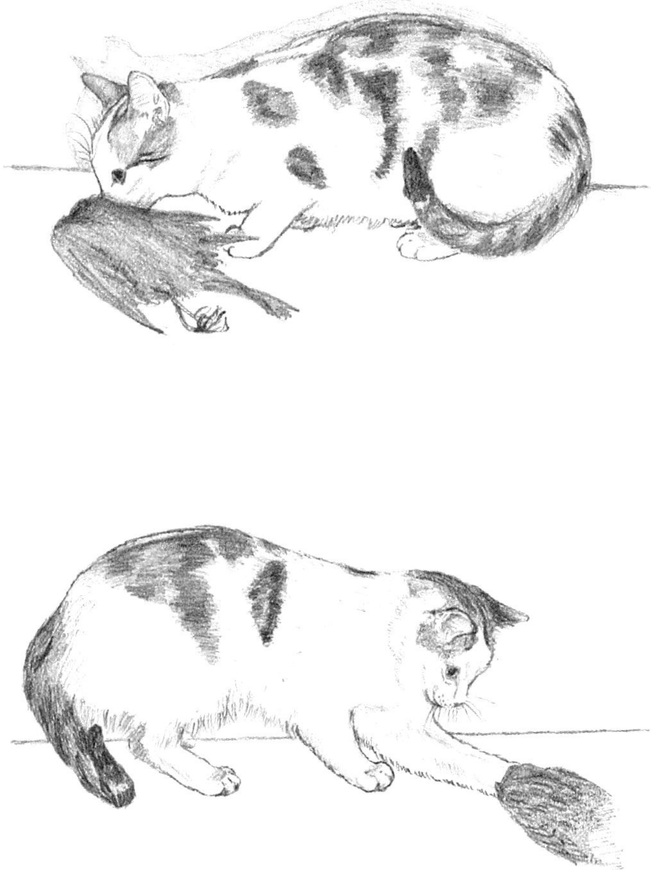

Abb. 26: Übergang vom gehemmten zum Hasche- und »Fangball«spiel (vergl. Text).
a–b) Beschnuppern und Antippen
c–d) Zaghaftes Zubeißen, Haschen
e) Pause, Übersprunglecken (eine Art »Verlegenheitsgebärde«)
f–h) mit »neuem Mut« kräftiges Zupacken und »Fangball«.

c

d

e

f

g

h

a

b

Abb. 27: a) Schnell zupacken,
b) kurzes Haschen,
c–d) »Fangball« mit etwas Rupfen als Vorbereitung zum Verzehr.

c

d

Abb. 28: Jungkatze umtanzt eine tote Amsel im spontanen »Erleichterungsspiel« (es gab ja keinen Kampf!).

ren. Bei Hauskatzen scheint die Neigung hierzu erheblich größer zu sein als bei vergleichbaren Wildformen, die ihre Stauungsspiele nur selten an lebenden Beutetieren, sondern fast immer an schon toten oder an leblosen Dingen auslassen. Anscheinend ist bei Wildtieren der Drang zum Töten doch stärker als bei dem Haustier Katze. Im übrigen ist es aber durchaus sinnvoll, wenn die Antriebe zu den verschiedenen Handlungen des Beschleichens, Belauerns, Jagens, Anspringens, Heranangelns, Zupackens und Umhertragens stärker sind und sich schneller erholen, als die des Tötens oder gar Verzehrens: Eine Katze muß mehr- bis vielmals eine Jagd beginnen, ehe sie einmal Erfolg hat, eine feldernde Hauskatze etwa drei- bis viermal, ein Tiger bis zu dreißigmal. Würde häufiger Mißerfolg den Tieren das Fangen abdressieren, müßten sie schließlich verhungern. Nur weil die Fanghandlungen aus Antrieben gespeist werden, deren Stärke nicht vom Verhältnis Erfolg/Mißerfolg bestimmt wird und die bei längerem Nichtgebrauch sogar zunehmen, können Raubtiere wie die Katzenartigen überleben. Oft kann man beobachten, wie Katzen eine bereits getötete Beute in hohen Sprüngen umtanzen oder über sie hinwegspringen. Sie tun das vor allem, wenn sie eine starke Beute nach längerem Kampf überwältigt haben. Wie schon erwähnt, fürchten Katzen ihre Beutetiere immer ein wenig, um so mehr, je größer und wehrhafter diese sind. Nehmen sie den Kampf mit solchen auf, so müssen sie ihre Furcht überwinden. Die so entstehende innere Spannung macht sich dann nach dem Siege in den merkwürdigsten Kapriolen Luft. Deshalb nenne ich sie »Erleichterungsspiel«. Auch menschliche Siegesfeiern dürften in durchaus vergleichbaren emotionalen Vorgängen ihren Ursprung haben.

Konrad Lorenz betonte immer, die Ausführung von Instinktbewegungen sei lustbetont. Das ist sie wohl auch meistens. Allerdings kann sie auch harte Mühsal, sozusagen unangenehme »Arbeit« sein, wie in dem oben erwähnten Fall, wenn eine Katze ein sich mit allen Mitteln wehrendes Beutetier überwältigen und dabei ihre Angst überwinden muß. Die eben beschriebenen Spielformen dagegen machen auf uns ganz unmittelbar den Eindruck, die Katze freue sich daran. Sie unterscheiden sich vom zielstrebigen Angriff auf ein schnell zu tötendes und zu verzehrendes Beutetier durch weit ausfahrende Bewegungen, die gegenüber der sachlich-zweckbestimmten Bewegungsausführung »übertrieben« wirken. In seinem »Übermut« verfehlt das spielende Tier oft das Ziel oder verliert das Gleichgewicht, gleitet aus oder überkugelt sich. All' das ist es ja gerade, was auf uns den Eindruck von »Spiel und Spaß« macht. Was aber erlebt die Katze wirklich? Bei einer unerfahrenen Jungkatze könnte man noch zweifeln, ob sie Wollknäuel und Maus im Spiel überhaupt unterscheidet. Doch eine ältere Katze, die schon viele Mäuse und Ratten zwischen Pfoten und Zähnen hatte, verwechselt diese sicher nicht mit einem alten Putzlappen. Und doch holt sie sich hin und wieder diesen Lappen, stößt ihn an, stürzt sich auf ihn, wiederholt das viele Male, behandelt ihn bald wie eine kleine, harmlose Maus, bald wie eine große, gefährliche Wanderratte, ist aber jederzeit bereit, sich ablenken zu lassen, kaut dann wieder auf ihm »genießerisch« herum, obwohl sie ihn doch sicher nicht für genießbar hält und sich wohl davor hütet, etwas davon abzubeißen oder gar zu verschlucken. Hier kann ich nur auf das Eingangskapitel verweisen und bin aufgrund der dort gegebenen Begründung überzeugt, daß die Katzen bei all' dem ein ganz ähnliches, vergleichbares Vergnügen empfinden wie wir und besonders unsere Kinder bei körperlichen Übungen wie Kampf-, Lauf- und Geschicklichkeitsspielen.

Wenn man nicht das Pech hat, eine Katze zu bekommen, die entwicklungsgeschädigt ist oder gar einen Erbschaden auf dem Gebiet aufweist, und wenn man nicht so unvernünftig war, das Katzenkind zu früh von der Mutter zu trennen, wird man eine tüchtige Mäusejägerin im Hause haben.

Wie schon geschildert, erfordern Beschleichen und Belauern der Beute bei weitem den höheren Aufwand an Zeit und Energie als das

Abb. 29: Kater springt Ratte an. Im Ansprung reißt jede Katze ruckartig den Schwanz hoch; ich habe nie herausgefunden, warum. Die Hinterbeine sind weit gespreizt, die Pfoten mit ganzer Sohle aufgesetzt. Das verleiht sicheres Gleichgewicht zu weiterem Vorstoß ebenso wie zum kurzen Rückzug oder schneller Seitwärtsbewegung, je nach Reaktion des Beutetiers.

Fangen und Töten selbst. Damit letzteres nicht mißlingt, versucht die Katze, so nahe wie möglich an ihr Opfer zu kommen, ehe sie es anspringt, niederreißt und mit dem Gebiß an der tödlichen Stelle zu fassen versucht. Geht das schief, muß sie das ganze, mühselige Geschäft neu beginnen. Spätestens wenn sie anspringt, macht die Katze genug Lärm, um die Beute aufzuschrecken.

Diese wendet sich meist zur Flucht. Wenn die Katze sie erreicht, so trifft sie sie von hinten und etwas seitlich, die vorteilhafteste Richtung für den tödlichen Biß. Höchst ungern nur greift eine Katze ein Beutetier an, das ihr gerade ins Gesicht blickt. Sie hält daher auch mitten im Angriff inne oder bricht ihn ganz ab, wenn es dem Überfallenen gelingt, sich umzuwenden. In der Regel gehen Katzen wie andere Raubtiere bei der Nahrungsbeschaffung kein unnötiges Risiko ein; wie jede gute Hausfrau kaufen sie ihren Braten so billig wie möglich ein. Menschliche Vorstellungen von »Mut« und »Feigheit« wären hier fehl am Platz. Wir erwarten ja auch vom Metzger nicht, er solle einen Stierkampf aufführen, ehe er uns das Steak über die Ladentheke reicht. Für das Raubtier birgt jede, auch eine geringfügige Verletzung die Gefahr, wegen einer Infektion »erwerbsunfähig« zu werden und schlimmstenfalls sogar zu verhungern oder in stark geschwächtem Zustand anderen Fleischliebhabern zum Opfer zu fallen. Dennoch muß gesagt werden, daß immer wieder Katzen auch gegen diese Regel verstoßen und sehr wehrhafte Beute angehen, obwohl sich reichlich anderes »Wild« geradezu anbietet. Man kann's wohl nicht anders deuten: Die Viecher tun's aus Übermut.

Die Hemmung, ein Beutetier ins Gesicht hinein anzugreifen, hat übrigens eine sehr praktische Anwendung gefunden: Im gemeinsamen Mündungsdelta von Ganges und Brahmaputra, den Sunderbans, greifen die Tiger häufig Menschen an. Wildhonigsammler und Forstarbeiter, die ihre Gruppe verlassen, sind besonders gefährdet. Die Forstverwaltung hat die Leute auf den Rat von Verhaltensforschern hin nun mit Masken versehen, die ein Gesicht mit besonders großen Augen darstellen. Diese binden sich die Arbeiter auf den Hinterkopf. Die Tiger, die auch Menschen vorzugsweise von hinten anfallen, werden davon tatsächlich abgeschreckt, die Angriffe sind seither deutlich weniger geworden. Ob der Erfolg anhält oder ob nicht zumindest manche Tiger den Trick zu durchschauen lernen, bleibt abzuwarten. Natürlich lernt die Katze bald, wie harmlos

Abb. 30: a) Die von der Katze angegriffene Ratte verschanzt sich zwischen Wand und Tischbein und wendet sich der Katze zu; diese hält ein, leckt sich im »Übersprung«

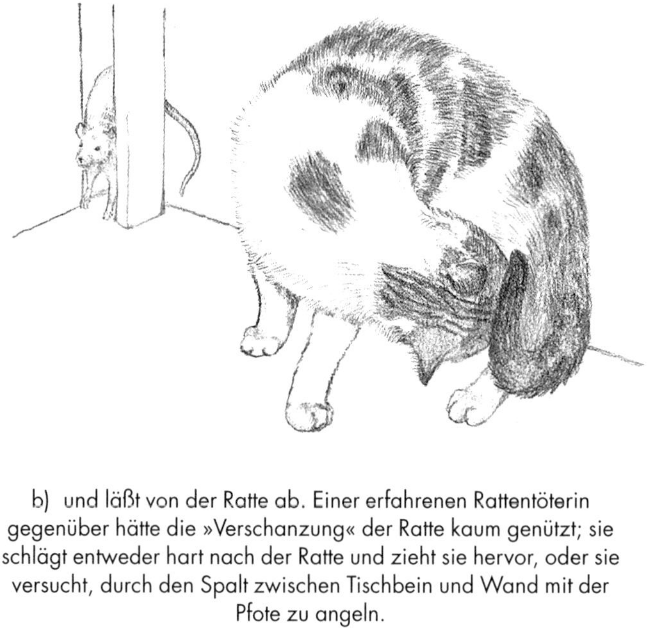

b) und läßt von der Ratte ab. Einer erfahrenen Rattentöterin gegenüber hätte die »Verschanzung« der Ratte kaum genützt; sie schlägt entweder hart nach der Ratte und zieht sie hervor, oder sie versucht, durch den Spalt zwischen Tischbein und Wand mit der Pfote zu angeln.

kleine Beutetiere wie Mäuse und kleine Singvögel sind, und scheut sich dann nicht mehr, sie frontal anzugehen. Singvögel kennen ja überhaupt nur eine Abwehr: die Flucht. Mäuse können immerhin beißen. Allerdings, einen flugfähigen Vogel dürfte die Katze mit dieser Taktik kaum erwischen. Darüber später mehr. Das – natürlich unbewußte – Abwägen der Kräfte und Risiken läßt eine Katze gewöhnlich jene Beutetiere bevorzugen, die am leichtesten zu überwältigen und reichlich vorhanden sind. Da aber Katzen keine sturen Prinzipienreiter sind, gehen sie schon mal »nur so zum Spaß« auf die Jagd, einfach, weil sie dazu »in Stimmung« sind. Der Hunger ist nämlich nicht das einzige Motiv zum Beutefang. Der Drang zum Jagen ist in einer gesunden Katze so stark, daß sie ihn auch abreagiert, wenn sie satt ist. Es war ein früher weitverbreiteter Irrtum, zu glauben, eine wohlgefütterte Katze fange keine Mäuse. Im Gegenteil: Sie wird kräftiger und leistungsfähiger, wenn man ihr ein ausreichendes »Zubrot« gönnt. Und weil sie nicht alles, was sie erbeutet, auch aufessen muß, ist die Gefahr einer Erkrankung durch Parasiten oder vergiftete Nager wesentlich geringer. Lediglich eine überfütterte Katze wird zu fett und damit untauglich zum Mäusefang. Sie wird so »faul und filosofisch« wie ihr berühmter gezeichneter Leidensgenosse »Garfield«.

Bei freilebenden Raubtieren stellt sich nur deshalb ein ungefähres Gleichgewicht zwischen Hungerzustand und Jagdstimmung ein, weil die Jagd mehr oder weniger regelmäßig zum Erfolg führt und die Tiere davon ihren Lebensunterhalt bestreiten. Wenn aber eine Wildkatzenmutter heranwachsende Junge zu versorgen hat, reicht es eben nicht, nur bis zur eigenen Sättigung zu jagen; das ist einer der Gründe, weshalb die zum Beutefang nötigen Antriebe nicht ausschließlich vom eigenen Sättigungsgrad des Raubtieres bestimmt werden. Die Mutterkatze muß wesentlich mehr Beute fangen und diese auch zum Nest bringen. Dieser Trieb ist bei Hauskatzen oft über das natürliche Maß gesteigert; er bleibt oft bestehen, wenn die Jungen den Familienverband verlassen haben; er zeigt sich sogar bei durch frühe Kastration »jungfräulich« gebliebenen Katzen, wie – seltener – auch bei Katern. Derart veranlagte Katzen schleppen so ziemlich alles, was sie fangen, nach Hause und legen es zu Füßen ihres mehr oder minder begeisterten Besitzers ab. Möglicherweise betrachten solche Katzen ihre Menschen als »Ersatzkinder«.

Hier ist es natürlich ganz klar, daß die Jagdstimmung vom eigenen Hunger unabhängig sein muß. Katzen, deren Jagdeifer so ausgeprägt ist, sind für die Mäuse- und Rattenbekämpfung verständlicherweise besonders wertvoll. Zweifellos ließe sich das züchterisch noch bedeutend steigern, wenn man's nur versuchte.

Die durchschnittliche freilaufende Bauernkatze – Kater gelten zu Unrecht als schlechte Mäusefänger – fängt pro Tag etwa ein bis zwei Dutzend Mäuse. Nehmen wir nun an, sie fange im Jahresdurchschnitt 15 Mäuse am Tag, so ist das sicher nicht zuviel gerechnet. Im Jahr macht das also 5000 bis 6000 Mäuse. Da wir ja eine Minimalrechnung aufmachen wollen, lassen wir die Nachkommen unberücksichtigt, welche diese Mäuse noch im betreffenden Jahr gehabt hätten. Wer schon einmal Mäuse gehalten hat, weiß, welche erstaunlichen Futtermengen diese kleinen Tiere benötigen. 10 Gramm Getreide pro Tag und Maus sind wieder ein Minimum. Auf 5000 Mäuse ergibt das im Jahr 18 Tonnen. Und diesen Verlust erspart uns eine Mausekatze Jahr für Jahr, ihr ganzes Leben lang. Sie fängt und frißt aber die Mäuse nicht nur, sondern hemmt auch deren Fortpflanzungserfolg. Sie erzeugt durch ihre Gegenwart, durch den Geruch, den ihre Reviermarkierungen verströmen, bei den Mäusen Streß, der diese daran hindert, sich uneingeschränkt zu vermehren. Unsere Mieze ist also ganz schön wertvoll; nicht die angezüchtete Erscheinungsform, die oft astronomische Preise erzielt, macht sie uns kostbar, und auch nicht allein ihr liebenswürdiges Wesen. Der Wert der »gewöhnlichen« Bauernkatze bzw. ihrer Arbeit wird meistens weit unterschätzt. Sie verdient mehr als die kärgliche Abspeisung mit einem Schälchen Milch und vielleicht ein paar Essensresten, mehr als bloß den gleichgültig gewährten Unterschlupf in Stall oder Schuppen.

Immer noch bezweifeln viele Menschen, daß Hauskatzen auch in der Rattenbekämpfung erfolgreich sein können – zu Unrecht! Man meint, Katzen hätten zu viel Respekt vor einer angreifenden, ausgewachsenen Wanderratte, um da viel auszurichten. Sicher trauen es sich viele Katzen nicht zu, große Ratten niederzukämpfen, aber auch sie werden Jungratten eifrig nachstellen, wo immer sie welche finden. Auch starke, gewandte Katzen werden im allgemeinen aus der oben geschilderten »Risikoabwägung« junge, unerfahrene Ratten bevorzugen. Für den gewünschten Erfolg, nämlich Rattenpopulationen kurzzuhalten, ist das kein Nachteil. Je mehr Jungratten die Katzen erbeuten, um so weniger gelangen zu Geschlechtsreife und Nachzucht.

Die meisten Beobachtungen darüber, daß eine Katze vor einer Ratte zurückschreckt, sind unter Bedingungen gemacht, die die Katze zwangsläufig ziemlich schlecht aussehen lassen. Selbst vollkommen rattenscharfe Katzen verlieren ihren Schneid, wenn man sie verschüchtert und schlecht behandelt; durch freundliche Ermutigung gewinnen sie ihn rasch wieder zurück. Der soziale Rang einer Katze innerhalb der heranwachsenden Geschwisterschar hat entscheidenden Einfluß auf die Entwicklung der Schärfe und des Kampfmutes gegenüber wehrhaften Beutetieren. Ferner ist eine Katze außerhalb ihrer gewohnten Umgebung unsicher und furchtsam. Jede Katze, die sich im eigenen Revier ohne Zögern auf die stärkste Ratte stürzt und sie niederkämpft, weicht ängstlich zurück, wenn man sie in einem ihr nicht genügend vertrauten Raum mit einer viel schwächeren Ratte konfrontiert.

Auch das Verhalten der Ratte spielt eine wichtige Rolle. Ratten und viele andere Nagetiere benutzen nämlich in ihrem Wohngebiet fest »eingefahrene« Wege, und bei der geringsten Gefahr verschwinden sie auf diesen im nächstgelegenen Schlupfwinkel. Eine hier von der Katze überraschte Ratte wird sich kaum zum Kampf stellen, solange sie noch einen Fluchtweg offen sieht, und der Katze fällt die entscheidende Initiative zu. Bringt man aber eine Ratte in einen Versuchsraum, so ist sie bereits aufs höchste alarmiert und kennt außerdem keinen Fluchtweg. Eine solche Ratte sieht ihr Heil immer im Angriff, und zwar schon auf relativ große Entfernung. So entsteht aber eine Situation, in welcher die Katze vor beinahe jedem Beutetier zurückschreckt. Wendet sich dagegen die Ratte vor der nahenden Katze zunächst zur Flucht und stellt sich erst im allerletzten Moment, wenn die Katze sie schon faßt, zum Kampf, dann ist die Katze zu weit »in Rage«, kann auch gar nicht mehr ausweichen, und kämpft die Ratte regelmäßig nieder. Will man also eine Katze auf ihre Rattenschärfe hin testen, so muß man dafür sorgen, daß sowohl die Katze wie die Ratte im Versuchsraum völlig eingewöhnt und »zu Hause« sind. Nur dann erhält man ein Ergebnis, das der Katze (und auch ihrer Gegnerin) gerecht wird.

Es ist eine unbestreitbare Tatsache, daß Katzen wesentlich mitgeholfen haben, die Rattenplage in unseren Städten in Grenzen zu halten. Auf dem Lande ist ihr Beitrag kaum weniger wichtig, trotz der chemischen Schädlingsbekämpfungsmethoden. Wir brauchen die Katze nicht nur in Haus, Scheune und Garten, sondern vor allem in Wiese, Feld und Wald; denn von dort erfolgt ja immer wieder die Neubesiedlung der »chemisch gereinigten« Areale.

Mäuse und Ratten sind zweifellos die häufigsten Beutetiere unserer Mieze; fast kann man sagen: »Die Ratte ist die Kartoffel der Katze, die Maus das Brot.« Aber wie der Mensch lebt auch die Katze nicht vom Brot allein, sondern hat auch Freude an gelegentlicher Abwechslung. Wiesel und Iltis werden gewöhnlich nur von großen und starken Katern überwältigt, und das nur, wenn diese ihre überschießende Jagd- und Kampfstimmung abreagieren wollen. Jedenfalls weiß ich niemanden, der je eine Katze diese Beutetiere verzehren gesehen hätte. Weniger wehrhaft, aber ebenfalls stets als ungenießbar betrachtet, sind Spitzmaus und Maulwurf meistens die Beute junger, noch nicht so erfahrener Katzen, die erst lernen müssen, daß sich das »Ergebnis« nicht lohnt. Dagegen ist ein dicker Nachtfalter allemal ein begehrter Leckerbissen; darüber hinaus kann dem Anreiz der torkelnden Flugbewegungen kaum eine Katze widerstehen. Ihre wilde Stammutter, die afrikanische Falbkatze, ist ja auch eine geschickte Insektenfängerin. Vor allem in Dürrezeiten, wenn das Mäuseangebot nicht allzu reichlich ist, macht sie ausgiebig Gebrauch von der reichen Palette verschiedener Gliederfüßler ihrer trockenen Heimatgebiete. Unsere Hauskatze, die sie leider fast überall in Afrika mehr und mehr verdrängt, steht ihr hierin kaum nach. Da sie schnell lernt, gefährliche Beutetiere richtig zu behandeln, geschieht es recht selten, daß sie durch einen Skorpionstich, den Biß einer Giftspinne, eines Hundertfüßlers oder einer Schlange umkommt. Manche Katzen entwickeln sich sogar zu richtigen »Spezialisten« auf diesem Gebiet. Auf einer Farm in der südafrikanischen Karroo lebte etwa acht Jahre lang eine sehr kleine, zierliche Kätzin, die es mit fast jeder Giftschlange der Umgebung aufnahm, sie nach oft langen Kämpfen tötete und auch fraß.

In unseren Breiten sind die meisten Beutetiere harmloserer Natur; Schlangen spielen kaum eine Rolle, sie sind fast überall ausgerottet oder so selten, daß eine Katze kaum Erfahrung mit ihnen gewinnen kann. Nur Eidechsen oder Blindschleichen werden manchmal

Beute der Katze; sehr zu schmecken scheinen sie ihr aber nicht. Gar nicht so selten sind Katzen, die ihre sprichwörtliche Wasserscheu ablegen, wenn sie einen Fisch oder Frosch fangen wollen. Das erfolgreiche »Fischereigeschäft« ist jedoch nicht jederkatz' Sache. Viele Katzen mögen nämlich rohen Fisch gar nicht so gern und geben es bald zugunsten weniger nasser Fangspiele auf. Experimentierfreudige Feinschmecker gibt es nicht nur unter den Liebhabern französischer Küche: Auch einige Katzen naschen gerne mal Froschschenkel. Nur müssen sie dann ihre Gewohnheit vergessen, Beutetiere vom Kopf her anzuschneiden, da die übrigen Teile unserer gewöhnlichen Teich- und Grasfrösche bitter schmecken. Die altbekannte Tatsache, daß Frösche keine Haare haben, macht es den Katzen leichter, mit dem Verzehr der »Delikatesse« sozusagen »am falschen Ende« anzufangen.

Gefährlich wird's für unsere Katze, wenn sie einer Kröte begegnet – und herzhaft hineinbeißt; diese Erfahrung macht sie nur einmal. Jede, die überhaupt lebend davonkommt, wird so etwas nie wieder versuchen. Und dann gibt es noch zwei weitere Beutetiergruppen, die Mieze das Leben kosten können; sie tun es häufiger als alle Gifttiere Europas zusammengenommen, obwohl sie an sich ganz harmlos sind: das Niederwild und die Singvögel. Davon mehr im nächsten Kapitel.

Vom Freiheitsdrang der Katze – und dessen Gefahren

Den geschmeidigen Körper, das weiche Kuschelfell, die Schlauheit und die Lernfähigkeit, auch den Antrieb zum Spielen hat die Katze nicht etwa dazu bekommen, um des Menschen »Schmusetier« zu werden, und erst recht nicht, daß dieser sie »zu ihrem eigenen Besten« in seiner Wohnung zwangsverwahre. Könnte man Katzen einer Meinungsumfrage unterziehen, käme sicher etwas heraus wie: »Ich möchte ein ganz wildes Tier sein und doch Menschen als Kumpanen und Freunde zur Verfügung haben« (Reihenfolge!). Es bedarf eines gewissen Einfallsreichtums, eine Katze ausschließlich in der Wohnung zu halten und sie dabei halbwegs zufriedenzustellen (im Kapitel »Stubenkatzen« s. S. 131 nachzulesen), denn das Trachten und Sinnen einer jungen, gesunden Katzenseele strebt nach Jagd,

Abenteuer, einem eigenen Revier – kurz: nach der goldenen Freiheit.

»I am the cat who walks by himself« läßt RUDYARD KIPLING seine Katze verkünden, und besser kann man es wohl kaum ausdrücken. Eine richtige Katze braucht freien Auslauf, und wer seine Katze glücklich machen möchte, sollte ihr die Ausflüge gönnen, sooft und solange sie eben will, mit allen Risiken, die das nun einmal mit sich bringt. Als größte Gefährdung ist hier sicher der Straßenverkehr zu nennen, auf dem Lande wie in der Stadt. Ein unglücklicher Katzenfreund machte nach dem Verlust seines Schützlings seinem Herzen Luft: »Schade, daß man Katzen nicht auch noch gegen Autos impfen kann!« Nun, das ist zwar wirklich nicht möglich, aber durch ein ganz klein wenig Erziehung beim Begleiten des jungen Kätzchens bei seinen ersten Ausflügen und einigem »Nachschärfen« des Erlernten in den Flegelmonaten (die meist kurz vor Vollendung des ersten Lebensjahres beginnen und in den Augen mancher Katzenbesitzer nie enden) kann man Mieze vor den meisten Gefahren des Straßenverkehrs recht gut schützen. Die Mittel: etwas Zeit, Geduld und eine Wasserpistole, aber eine kräftige. Es schadet nicht, zuerst einmal das Zielen zu üben, auf möglichst große Distanz. Vielfach reichen aber schon zarte Hinweise zu einer erfolgreichen Verkehrserziehung aus. Man kann die Katze behutsam vor dem Überqueren der Straße zurückhalten, man kann sie wegtragen, wenn sie sich anschickt, sich gemütlich mitten auf dem warmen Asphalt niederzulassen; dies darf ruhig etwas weniger sanft erfolgen. Man kann sie von einem sicheren Ort aus den Verkehr beobachten lassen. Hat die Katze überlegt und richtig gehandelt, geize man nicht mit Lob. Will sie trotzdem einmal unüberlegt in den Gefahrenbereich hinausrennen, kann man sie mit einem wohlgezielten Schuß aus der erwähnten Wasserpistole davon abhalten. Hat der Strahl sein Ziel erreicht, muß der »Schütze« gleich wieder wegsehen und darf den gewiß drolligen Erfolg seines Volltreffers nur aus den Augenwinkeln betrachten. Die Katze darf nicht merken, woher der kalte Guß kam, sie soll ihn vielmehr mit dem Loslaufen auf die Straße verbinden. Vieles lernen die Katzen auch ganz von selbst; sie haben ja ihren Ruf als hervorragende Beobachter nicht ganz umsonst bekommen. Es ist oft geradezu erstaunlich, wie geschickt – fast möchte man sagen »verständig« – sich manche Stadtkatzen im Straßenverkehr verhalten.

Dafür gibt es eine andere Bedrohung, die im Gegensatz zu der Gefahr, daß Mieze überfahren werden könnte, bei weitem unterschätzt wird, und das sind die lieben Mitmenschen. Vom gleichen Augenblick an, in dem ein Kätzchen die ersten Schritte aus seiner Wohnung tut, wird es nämlich ein soziales Problem. Nicht nur für die umwohnenden Katzen, sondern auch und vor allem für seinen Besitzer. Im gleichen Haus wohnen vielleicht noch andere Leute, oder man hat Nachbarn; hat man keine, grenzt der Garten möglicherweise an Jagdgebiete.

Es gibt leider auch heute noch Menschen, die gegenüber Katzen in allerlei abergläubischen Vorstellungen befangen sind, so zum Beispiel, daß sie Unglück brächten oder unsauber seien und allerlei Krankheiten ins Haus schleppten. Wer im gleichen Haus mit solchen Leuten wohnt, sollte gar nicht erst versuchen, ihnen zu erklären, Katzen brächten, wenn irgend etwas, dann Glück und Zufriedenheit ins Haus und vielleicht ein- bis dreimal im Jahr ganz entzückende junge Kätzchen; Katzen, wenn sie ordentlich gehalten werden, seien die saubersten Tiere der Welt (Menschen inbegriffen) und übertrügen weniger Krankheiten als alle anderen Haustiere (Menschen erst recht inbegriffen). Das ist deshalb sinnlos, weil erwachsene Menschen mit abergläubischen Vorurteilen Vernunftsgründen nicht zugänglich sind und sein wollen. Sonst hätten sie derartige Ansichten, die so leicht durch den Augenschein zu widerlegen sind, schon mit den Kinderschuhen abgelegt. Man muß ihnen also anders beizukommen versuchen. Wie, dafür kann natürlich hier kein Allerweltsrezept angegeben werden. Aber mit jener Geduld und sanften Liebenswürdigkeit, für welche uns Menschen die Katzen Vorbild sein könnten, wird man es in einigen Fällen schaffen, daß sich die Hausgenossen doch mit der Anwesenheit des kleinen Haustigers abfinden, ja schließlich sogar noch Gefallen an ihm finden. In ganz hartnäckigen Fällen bleibt nichts anderes übrig, als um des lieben Hausfriedens willen die Katze einzusperren oder ganz auf die Katzenhaltung zu verzichten.

Die Quelle für Konflikte mit dem Grundstücksnachbarn ist ganz anderer Natur. Vielleicht ist der Nachbar ein eifriger Gärtner. Frisch geharkte Beete erscheinen der Katze für bestimmte »hinterlistige« Zwecke bestens geeignet. Aber obwohl sie die ausgehobene kleine Grube nachher sorgfältig wieder zuscharrt, ist der Gärtner meist mit dem Ergebnis nicht zufrieden und hält Mieze nicht einmal die kostenlose Pflanzendüngung zugute. Er behauptet, Samen und Setzlinge würden dabei verstreut und sein schönes Beet zerstört. Weitere »Bösartigkeiten« begehen Katzen, die sich darauf kaprizieren, ihre Krallen am zarten Stamm eines jungen Kirschbäumchens zu schärfen, die den Duft kostbarer Rosenbüsche mit ihrem eigenen Parfum »verfeinern« oder sich solchermaßen gar an Gemüsen (die hochgebundenen Tomatenpflanzen sind besonders beliebt!) vergehen. Es ist eben ein Kreuz mit Leuten, die keine Katzen mögen, besonders, wenn sie dazu noch im Recht sind! Auch hier können die Wasserpistole und viel Geduld helfen. Man erspart sich eine Menge Arbeit, auch ist es vom psychologischen Standpunkt nicht ungeschickt, wenn man sie (die Wasserpistole, leider nicht die Geduld) dem Nachbarn selbst gibt, er kann Kätzchen ja nicht damit ersäufen. Wichtig ist allein, daß die Katze nie merkt, daß der Wasserstrahl vom Menschen kommt. Sonst ist sie nämlich bald raffiniert genug, ihre Untaten nur dann zu verüben, wenn niemand in der Nähe ist. Auf genau gleiche Weise kann man der Katze auch die Vogeljagd verleiden. Auch hier muß sie den Eindruck gewinnen, der Vogel sei es, der die kalte Dusche verabreicht. Und dieser Teil der Erziehung kann für unsere eifrige Jägerin lebensrettend sein. So manche Katze setzt sich nämlich jedesmal größten Gefahren aus, wenn sie sich auch nur bei der Annäherung an einen Singvogel beobachten läßt – nicht seitens der Vögel (dann wäre vielleicht alles viel einfacher), sondern durch menschlichen Unverstand und blinden Haß. Ein fanatischer Vogelliebhaber (und nur von dieser nicht gerade seltenen Spezies sei hier die Rede) sieht im Singvogel einen Höchstwert, für dessen Erhaltung und Vermehrung nahezu jedes Mittel recht ist; er gerät außer sich vor Empörung, wenn er eine Katze einen Vogel verzehren sieht, und er würde leichten Herzens alle Katzen ausrotten, wenn er damit einen einzigen Vogel retten könnte.

Wer bei dieser Sachlage für die Katzen und gegen einen blinden Vogelschutzfanatismus (nicht etwa gegen die Singvögel!) plädieren will, hat es schwer; denn zweifellos fangen und essen Katzen manchmal Singvögel, und diese Tatsache muß immer wieder dafür herhalten, daß in schöner Regelmäßigkeit Pamphlete erscheinen, die in reißerischer Aufmachung unterschiedslos Richtiges und Falsches, Halbwahres und auf gut Glück Behauptetes mischen mit dem einzigen Ziel, gegen die »reißende Bestie« Katze Stimmung zu machen. Mit vernünftigen Argumenten ist dem schwer beizukommen; es sei hier dennoch versucht, für die Katzen eine Lanze zu brechen:

Die »Vogelmörderin«

Die Streitfrage um Mieze und die Vögel ist wohl schon so alt, wie es Vogelliebhaber und Hauskatzen gibt, nur haben es letztere heute wesentlich schwerer als früher. Jahrhundertelang war die Hauskatze das so ziemlich einzige wirksame Mittel zur Nagetierbekämpfung und damit für uns so unentbehrlich, daß man ihr den einen oder anderen »Fehlgriff« auf einen Vogel gerne verzieh. Erst in neuerer Zeit haben die chemischen Schädlingsbekämpfungsmittel diesem »Monopol« der Katze ein Ende gemacht und in den Augen vieler ihren praktischen Nutzen überhaupt in Frage gestellt. Die Massenvernichtung der Nager besorgen unsere modernen Gifte zugegebenermaßen weit wirksamer, als noch so viele Katzen das je könnten, denn kein Raubtier ist von Natur aus dazu bestimmt oder fähig, die Beutetiere auszurotten, von denen es lebt; es rottete sich damit ja selbst aus.

In den Feldern, die begreiflicherweise von der Verseuchung mit Giften verschont bleiben müssen, bleiben Ratten und anderen Nagern genügend Rückzugsgebiete, von denen aus sie die frei gewordenen Gebiete nach einiger Zeit neu bevölkern. Vernichtet man also eine Schädlingspopulation erfolgreich, so werden die nicht mitvernichteten Nachbarpopulationen geradezu zu stärkerer Vermehrung angeregt, bis das »gesäuberte« Biotop wieder besiedelt ist. Was hat man letztendlich davon? Man muß die Nagetierbekämpfung immer und immer wiederholen und reichert seine Umgebung mit Giften an. Ist es da nicht besser, sich wieder auf die Katze als Nutztier zu besinnen, die zwar langsam, aber sicher die Menge der Schädlinge sinnvoll kontrolliert? Selbst die vielfach verfemte Straßenkatze hat hier einen Nutzen, der nicht zu unterschätzen ist: Sie dezimiert die lästigen Kulturfolger Amsel, Taube, Wanderratte usw., die oft durch Gift kaum noch beherrschbar sind. Ohne die freilaufenden Katzen vermehrten sich die Krankheitsüberträger und Kulturgutschädiger vieler Städte noch weit übermäßiger, als sie es mangels anderer natürlicher Feinde ohnehin schon tun. Und, dies wiederum den Vogelfreunden ans Herz gelegt: Es bedarf keiner Frage, daß eine sehr große Zahl der Katzen zugeschriebenen Nesträubereien auf das Konto anderer Missetäter kommt. Wo übermäßig viele Tauben ihr Unwesen treiben, werden die letzten selteneren Singvogelarten aus den Gärten und Parkanlagen vertrieben; wo Ratten, Marder, Eichhörnchen, Krähen und Elstern Nester ausnehmen, wo die ebenfalls in der Stadt häufigen Kohlmeisen fein säuberlich die Hirnschalen junger Nestlinge aufhacken, um die Gehirnchen auszuschlecken, kommt ein zahlreicher Singvogelnachwuchs so leicht nicht auf. Aber gestern hat man die Katze unter dem Baum gesehen, und heute ist das Nest leer, also ...! Von dieser Art sind, milde gerechnet, 90% aller »Tatsachenberichte« über das Unheil, das die »bösen« Katzen über die lieben Vögelchen bringen.

Übrigens wissen die Vögel selbst die Gefährlichkeit ihrer Feinde anders einzuschätzen als ihre selbstberufenen Beschützer: Vor allem die kleinen Höhlenbrüter geben kaum einen Warnruf ab, wenn eine Katze in die Nähe kommt, aber wenn sie ein Eichhörnchen oder einen Eichelhäher sehen, geraten sie völlig »aus dem Häuschen«.

»Ja, aber die Bodenbrüter!« wird jetzt der Vogelfreund einwenden. Die Meinung, deren Nester seien besonders gefährdet, trifft im Hinblick auf Katzen kaum zu. Die Nestjungen von Bodenbrütern sind keine Schreihälse, und die Alten kommen sehr heimlich zum Nest. Nur wenn die Alten füttern, betteln die Jungen recht leise. Die Katzen werden also nicht wie bei Arten, die im Gezweig von Sträuchern und Bäumen nisten, durch das Verhalten von Alt- und Jungvögeln geradezu hingelenkt. Und der Geruchssinn hilft der Katze beim Beutefang nur wenig. Ein gut am Boden verborgenes Lerchennest findet eine Katze nur zufällig. Hier sind fast immer Ratten, Iltisse, Igel und andere Arten, die hauptsächlich mit der Nase stöbernd ihre Nahrung suchen, die Übeltäter. Katzen zerstören auch keine Gelege, weil sie im Gegensatz zu anderen Singvogelfeinden keine Eier öffnen. Wenn sie an Nestlinge herankommen können, bedienen sie sich natürlich gern. Auch das ist aber bei weitem nicht so bestandsschädigend, wie es meistens dargestellt wird. Die meisten Vogelarten legen ihre Nester schon gut geschützt an, wenn das möglich ist. Damit haben sie es leider in den vom Menschen geschaffenen Kulturlandschaften oft schwer.

Wer meint, deswegen Nistkästen aufhängen zu müssen, denke daran, daß er die Vögel dadurch verleitet, an von Natur aus dazu nicht geeigneten Stellen zu nisten. Er hat also gewissermaßen die »moralische Pflicht«, die Kästen so anzubringen, daß die Brut mindestens so gut wie in einem natürlich gewählten Nistplatz vor Räubern geschützt ist. Nistkästen katzensicher zu bauen und aufzuhängen ist sehr einfach und erfordert auch keinen besonderen Aufwand. Unsachgemäß angebrachte Nistkästen kommen freilich einer gedruckten Einladung zum Abendessen an die Katzen gleich. Dann darf man sich auch nicht wundern oder gar empören, wenn sie dieselbe eifrig annehmen; nur völlige Unvernunft kann darin eine Perfidie der Katzen sehen. Wie sollten diese auch wissen, daß man nicht eigens ihnen zuliebe die Dinger so bequem hingehängt hat! So also sieht die Sache bei vernünftiger Betrachtung aus, wenn man Katzen und ihre Fähigkeiten beim Beutefang wirklich kennt. Das wird auch im großen und ganzen von den sachkundigen Vogelschützern anerkannt. Aber mit denen gerät der Katzenfreund ja nicht in Schwierigkeiten. Was aber fängt man nun mit jenen an, die aus einzelnen, oft noch mißdeuteten Beobachtungen allgemeine Regeln ableiten? Die ohne jeden weiteren Nachweis jedes Verschwinden oder Seltenerwerden einer Vogelart in ihrem Garten sofort den Katzen und nur den Katzen zuschreiben? Nun, von seltenen, absolut unzugänglichen Ausnahmen abgesehen, sind sie meist gar nicht so fanatisch, daß man ihnen nicht doch ein bißchen gut zureden könnte. Wer einen Vogelliebhaber schon nur dazu bringen kann, daß er eine Katze einmal ruhig beobachtet, statt gleich einen Stein nach ihr zu werfen, hat schon viel gewonnen. In etwa achtzig von hundert Fällen wird er dann nämlich bald Miezes Harmlosigkeit selbst feststellen und einsehen, daß ein verlangender Katzenblick noch längst keinen toten Vogel bedeutet.

Katzen, als geborene Mäusejäger, können stundenlang mit unmenschlicher Geduld, mit einer wahren Katzengeduld also, vor einem Mauseloch lauern, bis auch die vorsichtigste Maus einmal herauslugt. Würde Mieze jetzt gleich zufahren, so wäre die Maus flugs wieder – und mindestens für weitere Stunden – im Loch verschwunden. Mieze wartet also mit schier unbegreiflicher Geduld noch weiter, bis die Maus vollends aus dem Loch und ein Stückchen davon weg ist – und dann erst schießt sie vor. Dieses Verfahren ist

a

b

c

d

e

Abb. 31: a) Der Kater sitzt im Käfig und beobachtet eine Gruppe über ihm jenseits des Gitters lärmender Spatzen (die Situation von Abb. 14). Einer findet durch ein Loch im Maschendraht herein und nicht wieder hinaus – der Kater hascht den herumflatternden Spatzen bald (b), läßt ihn mehrmals aus und fängt ihn wieder (c–e), ehe er ihn verzehrt. Ohne die für den Spatzen so fatale Situation hätte der Kater ihn kaum erwischt.

nun keine besondere Schlauheit der Katze, sondern ihr angeboren, wie alle anderen Züge ihrer Jagd- und Tötungstechnik. Sie tut dies daher ohne eigene Einsicht, rein instinktiv, auch wenn dieses Vorgehen gar keinen Zweck hat, weil kein Mauseloch vorhanden und die belauerte Beute ein Singvogel ist. Singvögel ihrerseits haben keinerlei Katzengeduld; sie sind die reinen Quecksilber – im Nu ein paar Meter weiter und damit außer Reichweite der Katze, die sich jetzt erst wieder mühsam heranpirschen muß. So kommt es, daß eine Katze nur relativ selten einen gesunden, flugfähigen Singvogel erwischt. Um so seltener, je mehr Katzen es gibt! Wo keine oder fast keine Katzen leben, sind die Vögel sorgloser, fürchten auch die Katzen nicht so, weil sie die von ihnen drohende Gefahr nicht kennen. Zieht dann eine Katze zu, so fallen ihr zunächst verhältnismäßig viele Vögel zum Opfer. Bald jedoch sehen sich die Vögel besser vor, und damit sind die Chancen für die Katze so ziemlich vorbei. Was sie dann noch fängt, sind schwache, kranke oder verletzte Vögel oder aber halbflügge Jungvögel. Die ersten bewahrt sie vor einem langsamen und qualvollen Tode, sie sind ihr wirklich zu gönnen. Und die Jungvögel? Nun, auch die! Es mag für den Vogelfreund schmerzlich anzusehen sein, wie eine Katze mit einem Vogel im Maul wegläuft, aber er sollte daran denken, daß jedes Singvogelpaar viel, viel mehr Nachkommen erzeugt, als zum Bestand der Population notwendig sind. Immer nur zwei Kinder aus allen erfolgreichen Brut- und Ehejahren eines Singvogelpaares können einmal an die Stelle der Eltern treten, alle anderen müssen zugrunde gehen. Ob dies durch Hunger, Nässe, Kälte, Seuchen oder durch Raubtiere wie die Katze geschieht, ist der Natur gleich.

Im Einzelfall mag es zwar durchaus vorkommen, daß ein bestimmtes Gebiet mit Singvögeln sozusagen unterbesiedelt ist und sich die Bevölkerungsdichte darin durch geeignete Maßnahmen steigern läßt. Aber bald ist dann doch wieder die biologisch höchstmögliche Dichte erreicht, und somit die Situation genau wieder da: Alle Nachkommen eines Vogelpaares bis auf zwei sind dem Untergang geweiht. Die bei uns heimischen Raubfeinde der Singvögel hat man stark dezimiert, vielerorts fehlen sie völlig, z. B. in den Gärten und Parkanlagen unserer Städte. So füllt die Hauskatze eine Lücke; sie stellt das schwer gestörte biologische Gleichgewicht in den vom Menschen geschaffenen »Kulturlandschaften« wenigstens notdürftig wieder her und trägt zur Gesunderhaltung des Singvogelbestandes bei.

Sie hilft aber nicht nur, durch die Beseitigung fehlerhafter Exemplare oder durch das Dezimieren des Brutüberschusses die Ausbreitung seuchenartiger Krankheiten und Hungersnöte zu verhindern. Die bloße Anwesenheit einer Katze hält die Vögel in einer Art leichten Streßzustandes, den man durchaus auch als lebensfördernde Spannung bezeichnen kann. Tatsächlich sind Vögel in Katzengegenden gesünder, lebhafter und kräftiger. Wer bereit ist, richtig hinzuschauen, kann leicht erkennen, daß die böse, »vogelmordende« Katze geradezu eine Notwendigkeit ist. Damit sollte das vielstrapazierte Argument, daß die Katze am Verschwinden seltener Vogelarten schuld sei, wohl jeder Grundlage beraubt sein. Wenn Vögel oder andere Tiere aussterben, sind in fast allen Fällen wir selbst dafür verantwortlich. Mit zerstörerischer Ausschließlichkeit beanspruchen wir den Lebensraum der Singvögel und auch fast aller anderen Mitlebewesen.

So sind wir nun ganz unversehens beim nächsten traurigen Mißverständnis in der Beziehung Mensch – Katze angelangt:

Der »Jagdschädling«

»Weg mit dem unnützen Raubzeug!« – diese Parole ist wohl so alt wie die hegende (nicht die ausschließlich jagende!) Menschheit. Und all das moderne Gerede von Ökologie und Umweltschutz hat nicht viel daran geändert. Hat man in vergangener Zeit unter diesem Motto Bär, Wolf, Luchs und Wildkatze ausgerottet, konzentriert sich heute der Zorn der Jagdberechtigten auf die Hauskatze. Dabei gibt es doch viele recht genaue Untersuchungen über den Einfluß freilaufender Hauskatzen auf den Bestand von Nieder- und Federwild. In Amerika hat man sich die Mühe gemacht, den Mageninhalt einer großen Anzahl geschossener Hauskatzen genaueren Analysen zu unterziehen, und diese wiesen einen geradezu lächerlich geringen Prozentsatz an jagdbarem Wild und Vögeln gegenüber Mäusen, Ratten und dergleichen aus. Obwohl sich das Ergebnis nicht ohne weiteres auf unsere mitteleuropäischen Verhältnisse übertragen läßt, ist schon aufgrund der Untersuchungen über das Beutefangverhalten von Katzen anzunehmen, daß der angebliche Jagdschaden, den Katzen anrichten, bei weitem übertrieben wird. Zwei deutsche Jäger, HEIDEMANN und VAUK, haben es dann bestätigt: Auch im deutschen Wald und Feld als »wildernd« abgeschossene Hauskatzen hatten nur vernachlässigenswert geringe Anteile von jagdbarem Wild und von Kleinvögeln im Magen. Entsprechende Untersuchungen an unserer heimischen Wildkatze führten zu ähnlichen Ergebnissen.

Dennoch fühlt sich das Gesetz berufen, mit der Katze hart ins Gericht zu gehen: Eine Katze, die mehr als zweihundert Meter vom nächsten Haus in Feld oder Flur angetroffen wird, »wildert«. Der Weisheit dieses Gesetzes vertrauend, schießt der Jäger (oder sollte es da Ausnahmen geben?) auf jede Katze, die er draußen antrifft. Er kann natürlich auch nicht vorher die bewußten zweihundert Meter mit dem Bandmaß nachmessen; er benutzt dazu sein Augenmaß. Unglücklicherweise können Katzen nicht lesen und daher von der für sie so verhängnisvollen Weisheit des Gesetzes keine Kenntnis nehmen. Sonst liefen sie nämlich flugs zu einem tüchtigen Anwalt, und der könnte mit Leichtigkeit nachweisen, daß sie in 99,9% der Fälle nicht wildern, sondern der als nützlich zu betrachtenden Tätigkeit des Mäusefangens nachgehen. Das weisheitsvolle Gesetz würde dann vielleicht einmal einem nur vernünftigen, den Tatsachen Rechnung tragenden Platz machen. Vorläufig ist jedoch keine Besserung abzusehen. Die unbelesenen Katzen folgen ihrem Trieb, und der führt sie unweigerlich weit über die fatale Freigrenze hinaus – und eines Tages dann nicht wieder nach Hause zurück.

Raubtiere müssen ein größeres Gebiet durchstreifen, weil sie sonst die Beutetiere, von denen sie leben, ausrotten oder zum Auswandern veranlassen oder so scheu machen würden, daß sie nicht mehr zu fangen sind. Der Trieb zu diesen Streifzügen liegt ihnen daher »im Blut« und kann zwar durch Gewaltmaßnahmen wie Einsperren unterdrückt, aber sicher nicht erzieherisch beeinflußt werden. Das Streifgebiet einer Hauskatze kann nur einige hundert Meter, aber auch mehrere Kilometer im Durchmesser betragen. Vielleicht streift eine gut gehaltene und gefütterte Katze nicht ganz so weit umher wie eine schlecht versorgte, bewiesen ist das aber bisher nicht. Die Katze läuft ihr ganzes, ein bis mehrere Quadratkilometer großes Gebiet aber nun nicht Schritt für Schritt ab. Fast genau wie wir folgt sie dabei einem mehr oder weniger festen Wegenetz. Man kann daher ziemlich sicher sein, daß eine im Wald laufende Katze nur ihren Weg zur nächsten Schonung oder Lichtung verfolgt, um dort Mäuse zu fangen. Dabei soll gar nicht bestritten werden, daß eine streifende Katze gelegentlich auch Junghasen und -kaninchen erbeutet oder auch einmal ein junges oder flügellahmes Rebhuhn oder einen der im Brutofen geschlüpften, im Gehege aufgezogenen, halbzahmen, allen Gefahren des Freilebens völlig naiv ausgelieferten, zur waidgerechten Jagd »ausgewilderten« Jungfasanen. Aber, es sei mit Nachdruck wiederholt: Das sind Ausnahmen, die zahlenmäßig und damit auch jagdwirtschaftlich nicht ins Gewicht fallen.

Weder die Vögel noch andere »Friedtiere« können auf Dauer ihren Bestand gesund erhalten ohne den vom Raubtier ausgeübten Selektionsdruck. Ihre Fortpflanzung ist daher auf hohe Verluste »eingerichtet«. Was soll denn mit dem gewaltigen Geburtenüberschuß geschehen, wenn man neben den anderen Freßfeinden auch noch die Katzen ausschaltet? Und ist es denn wirklich nicht einzusehen, daß der von Hauskatzen angerichtete Wildschaden in gar keinem Verhältnis zu ihrem Nutzen steht und daher getragen werden könnte und sollte?

Die Jägerschaft bedient sich bei ihrem Kampf gegen die immer nur als »streunend, wildernd und vogelmordend« geschilderten feldernden Katzen häufig auch des Arguments, die Hauskatze als Abkömmling der afrikanischen Falbkatze sei unseren Wäldern und Fluren fremd und passe nicht zu unserer heimischen Tierwelt. Richtig: ebensowenig wie Ringfasan, Damwild, Sikahirsch und – wir selbst mitsamt unserer Zivilisation, deren Einfluß die natürlichen Lebensräume so sehr geändert hat. Diese sind zur Kultursteppe und -savanne (sprich Parklandschaft) geworden, und die solchen Landschaftsformen eigentümlichen Kleinnager haben demgemäß zugenommen. Das ursprüngliche Savannentier Hauskatze ist somit das entsprechende Raubtier. Sie paßt ökologisch in die durch Menschentätigkeit veränderten oder gar erst geschaffenen Landschaften oft besser als unsere einheimische Wildkatze, wie die leider oft vernachlässigten halbwilden Hauskatzen in ländlichen Gebieten beweisen. Nur klimatisch hat sie sich noch nicht ausreichend angepaßt und ist deshalb auf ein Minimum menschlicher Hilfe angewiesen, und sei es nur die Duldung in einer verfallenden Scheune.

Ist es denn wirklich so schwer, der Katze einen Platz in der Ordnung der Natur zuzuerkennen, die ja doch nur eine vom Menschen verursachte und sehr mühsam und wacklig wieder ins Gleichgewicht gebrachte Unordnung ist?

Wen aber dieses Plädoyer für die Katze und ihren Platz in unserer Natur gleichgültig gelassen hat, wem nur der Mensch als das Maß aller Dinge gilt, der denke daran, wieviel Leid er über eine Familie, ein Kind oder einen einsamen Menschen bringen kann, wenn er eine Katze abschießt, totschlägt oder gar dem langsamen, qualvollen Tod durch Vergiften aussetzt. Für viele Menschen ist die Katze nicht einfach ein Haus- oder Hätscheltier. Sie ist ein Familienmitglied, ein Lebensgefährte; tötet man ein solches Tier, weil man es für schädlich hält oder einfach nur haßt, so könnte man beinahe schon von »Mord« sprechen, vom Mord an der Seele eines Mitmenschen nämlich.

BETÖRTE KATZ' – VERLIEBTER KATER

Die Anzeichen der Geschlechtsreife sind ebenso unübersehwie unüberhörbar. Die Kätzin wird »rollig«, unruhig, miaut viel, und ihr Bedarf an Streicheleinheiten und anderen Körperkontakten nimmt deutlich zu. Sie reibt Kopf und Flanken an Tisch-, Stuhl- und Hosenbeinen, Polstermöbeln, Zimmerpflanzen und was sonst sich dazu eignet oder auch nicht. Man bringe hohe, schlanke Vasen und anderes Zerbrechliches in Sicherheit! Nach ein, zwei Tagen beginnt die Katze zu »rollen«: Vor dem Kater oder dem menschlichen Partner reibt sie eine Backe am Boden, rollt sich dann über die Schulter auf Seite und Rücken und wälzt und windet sich dann schnurrend und gurrend herum. Zwischendurch tut sie ihre Sehnsüchte in lautem, anhaltendem Geschrei kund, das bei Siamkatzen besonders ohren- und nervenzerreißend tönt.

Der heranreifende Kater vergißt plötzlich Anstand und Sitte und versprüht in Haus und Garten seinen Urin, vorzugsweise an senkrechten Gegenständen: an Bäumchen, hohen Gräsern, aber auch Haus- und Möbelecken, Türpfosten, Tisch- und Stuhlbeinen. Dem verspritzten Urin ist ein dem Menschen penetrant riechendes Sekret der Analdrüsen beigemengt. Der Duft hält sich in Wind und Wetter mindestens zwei Wochen, in Innenräumen sehr viel länger und läßt sich kaum völlig beseitigen. Was ein Kater über längere Zeit hin immer wieder »parfümiert«, verliert den Duft nie wieder ganz.

Für das alles gibt es eine Radikalkur: die Kastration (s. S. 163 ff.). Hier jedoch wollen wir betrachten, was der normale Lauf der Natur ist. Der ist bei unserer Hauskatze allerdings auch nicht mehr so ganz »natürlich«. Nicht nur, daß gegenüber der Wildform Pubertät und Geschlechtsreife um sechs bis zwölf Monate früher eintreten, die Katzen sind auch in kürzeren Abständen zur Liebe bereit. Wildkatzen werden, zumindest in Gegenden mit deutlichem Wechsel der Jahreszeiten, einmal im Jahre rollig, Hauskatzen zwei-, ja dreimal. Beim Kater ist die Periodik weniger deutlich. Er ist in seinem Verhalten weitgehend von den sinnlichen Reizen beeinflußt, die von der rolligen Katze ausgehen. Ein gesunder, erwachsener Kater ist da-

Abb. 32: Ein sehr starker Kater versucht, einen jüngeren, kaum erwachsenen zu »vergewaltigen«.

her stets begattungsfähig, wenn sich ihm eine paarungswillige Katze anträgt, aber doch nicht stets gleich begattungswillig. Bei isoliert lebenden Katern, die Weibchen weder zu sehen noch zu hören oder zu riechen bekommen, drückt sich das in Schwankungen von Häufigkeit und Dauer des Harnspritzens aus. Die Bereitschaft kann sich auch so aufstauen, daß ein Kater versucht, nicht paarungswillige Katzen oder sogar jüngere oder schwächere Kater zu vergewaltigen.

In der Regel beginnt ein Kater seine Werbung, wenn in seinem Umkreis ein Weibchen die ersten Anzeichen zu Liebesbereitschaft bemerken läßt. Diese sind geruchlicher Natur und nicht sicht- oder hörbar; der menschliche Beobachter wird daher erst zwei bis drei Tage später aufmerksam. Der Kater sucht die Nähe der Katze, setzt sich und blickt sie unverwandt an, gibt an geeigneten Gegenständen Köpfchen, gurrt und schnurrt und versucht auf jede Weise, die Aufmerksamkeit der Katze zu erregen, ohne sich ihr jedoch auf weniger als zwei bis einen Meter zu nähern. In zwei Fällen haben meine Frau und ich beobachtet, wie ein Kater in dieser Situation ein Spielzeug in die Nähe der stillsitzenden Katze trug und vor ihren Augen damit »Haschen« spielte. In einem Fall war die Ausrichtung besonders deutlich. Die Katze saß in einer Kiste mit engem Schlupfloch; der

Kater trug das Spielzeug, ein Bindfadenknäuel, immer wieder genau in ihr Blickfeld, sobald es beim Spiel zu weit zur Seite rutschte.

Für den Kater ist es wichtig, möglichst frühzeitig zur Stelle zu sein und seine Werbung zu beginnen; denn entgegen landläufiger Meinung fällt die Katze nicht ohne weiteres dem stärksten Kater und Sieger in allen Rivalenkämpfen zu. Sie trifft ihre Wahl, und mehrfach habe ich nach einem erbitterten Katerduell die umworbene Katze mit dem Unterlegenen davonziehen sehen.

Da die Begattungsbereitschaft der Katze in erster Linie von inneren, nur langsam fortschreitenden hormonalen Vorgängen abhängt, die nur wenig, wenn überhaupt, durch die Werbung eines oder mehrerer Kater beschleunigt werden können, ist der Kater immer schneller »auf Touren« als sie. Er dringt mit Eifer auf sie ein, die noch nicht Bereite aber entzieht sich ihm, sobald er zu nahe kommt, läuft ein Stück davon, hält dann aber an und blickt sich nach ihm um, gurrt und wälzt sich, nur um wieder davonzurennen, sobald er in Reichweite kommt. Ich habe dies Verhalten »Kokettierflucht« genannt, und in der Tat drängt sich dem Beobachter der Vergleich mit

Abb. 33: Die rollige Katze läuft zwar etwas davon, wenn ihr der werbende Kater zu nahe rückt, hält aber bald an und schaut sich um, ob er ihr auch nur ja nachkommt.

a

b

c

d

e

Abb. 34: a) Der Kater faßt in schnellem Zugriff die bereite Katze im Nacken.
b–c) Er übersteigt sie und versucht, sie durch »Massage« mit den Hinterfüßen zu veranlassen, die volle Begattungsstellung einzunehmen.
d) Der Augenblick der Begattung. Man sieht, der sogenannte Nackenbiß faßt nur das lose Nackenfell.
e) Am Ende der Begattung werden jüngere und leicht erregbare Katzen oft unfreundlich.

entsprechendem menschen-weiblichem Verhalten förmlich auf. Oft erst nach Tagen ist es (d. h. sie) dann soweit: Sie läßt ihn immer näher herankommen, und schließlich schafft er es, sie in schnellem Zufahren im Nacken zu packen und zu übersteigen. Manche Anzeichen und auch einige direkte Beobachtungen deuten darauf hin, daß manch eine Katze über Jahre hinweg einem bestimmten Kater treu bleibt, in einem Fall auch in einer gekäfigten Gruppe. Auch da war übrigens nicht der stärkste Kater der »Auserwählte«, sondern ausgerechnet der schwächste.

Das ganze umständliche Verfahren halten die Tiere nur ein, solange sie einander noch fremd sind. Nicht nur im Verlauf einer Hoch-Zeit, sondern auch bei späteren, erneuten Liebesbeziehungen kürzen sie es mehr oder weniger weitgehend ab. Die Katze nimmt dann schließlich nur noch die Begattungsstellung ein, und der Kater steigt auf und macht oft nicht einmal einen Pro-forma-Nackenbiß. Zuweilen erfolgt auch eine Ortsbindung. Meist handelt es sich um einen erhöhten Platz (großen, flachen Stein, Tisch). Sobald die Katze dort hinauf springt und sich nach dem Kater umsieht, nimmt dieser das als Aufforderung, folgt ihr, und die Begattung findet ohne weitere Umstände statt.

Derart aufwendige Werbezeremonien kommen ja nun nicht nur bei Katzen, sondern bei vielen anderen Säugetier- und Vogelarten vor. Verhaltensforscher erklären sie meist damit, daß besonders im sonstigen Lebensverlauf ungesellige Tiere nur so die gegenseitige Abneigung, sich einander zu nähern, überwinden und sich erfolgreich paaren könnten. Wer etwa die diesbezüglichen, ausführlich im Film dokumentierten Beobachtungen EIBL-EIBESFELDTS am Feldhamster kennt, kann kaum zweifeln, daß dies richtig ist.

KONRAD LORENZ meinte, der Wettbewerb zwischen Rivalen beider Geschlechter bewirke, daß meistens das schönste, kräftigste, lebenstüchtigste Männchen mit einem ebensolchen Weibchen zusammenkomme und beide gemeinsam dann auch die besten Fortpflanzungsaussichten hätten, nicht nur die zahlreichsten und tüchtigsten Nachkommen erzeugten, sondern auch deren Überleben am besten sicherten.

Diese Deutung folgt der Formel vom »Überleben des Tüchtigsten«, auf die der Philosoph HERBERT SPENCER die Erkenntnisse CHARLES DARWINS über die Auslese im Kampf ums Dasein und die

Abb. 35: Nach der Begattung wälzt sich die Katze heftig, fast krampfartig, wohl als Ausdruck des Orgasmus. Wälzt sich die Katze nicht, war die Begattung wahrscheinlich unvollständig, wie z. B. bei einem Vergewaltigungsversuch.

Abb. 36: Das altvertraute »Ehepaar«: Die Katze nimmt, oft an einem von ihr bevorzugten Platz, Begattungsstellung ein und wartet, bis sich der Kater heranbequemt.

geschlechtliche Zuchtwahl brachte. Auch das ist im großen und ganzen wohl richtig. Aber reicht es aus? Blickt man sich ein wenig in der freien Natur um, so wird es dem Unvoreingenommenen bald deutlich, daß doch nicht nur die tüchtigsten Individuen, sozusagen die Spitzenprodukte der Entwicklung, überleben, sondern in der Überzahl die einfach nur ausreichend Tüchtigen, der »gute Durchschnitt«. Außerdem gibt es da keinen Einheitsmaßstab für »Tüchtigkeit«. Ein Individuum ist oft erfolgreich, weil es ein wenig anders ist als andere Erfolgreiche: Nicht alle können in der gleichen Richtung, auf dieselbe Weise erfolgreich sein.

Eben deshalb sind in einer Population nicht alle Mitglieder völlig erbgleich. Diese für den individuellen Erfolg ebenso wie für den weiteren Gang der Evolution nötige Ungleichheit im Kleinen bei aller Gleichheit im Großen sagt uns, daß SPENCER mit seinem Schlagwort »Survival of the fittest« die Erkenntnis DARWINS etwas verdreht und versimpelt hat: »Survival of the fitting« – »Es überlebt, wer und was (zusammen)paßt« – hätte er sagen sollen. Seine zum Schlagwort verdichtete Deutung der Lehre DARWINS hat teilweise verheerende Folgen für deren Verständnis in der Öffentlichkeit und sogar in der wissenschaftlichen Evolutionsforschung gehabt. Der sogenannte »Sozialdarwinismus« war eine der unerfreulichsten, aber keineswegs die einzige.

Was sagen denn nun unsere Katzen zu all dem? Nun, ich denke, sie zeigen uns den eigentlichen Sinn der Partnerwahl auf: Wenn nicht unbedingt der stärkste, der rücksichtsloseste Kämpfer den Preis erringt, dann finden sich nicht einfach zwei »optimierte« Exemplare verschiedenen Geschlechts zusammen, sondern zwei, die zusammen*passen*. Es ist eben gar nicht sicher, daß sich zwei je »optimale« Erbsätze auch optimal ergänzen oder überhaupt harmonieren. Die (vermutlich) höhere Wahrscheinlichkeit, zwei derartig »passende« Erbsätze zusammenzuführen, ergibt, meine ich, den tieferen biologischen Sinn des Sich-Verliebens, einer längeren Werbung um den Partner.

Das ist natürlich reine Spekulation. Es gibt dazu, soweit ich weiß, keine einzige wissenschaftliche Untersuchung. Auch könnte man einwenden, im menschlichen Bereich zum Beispiel seien Liebesheiraten oft kein großer Erfolg. Warum sollte also die Partnerwahl bei anderen Tieren glücklichere Folgen haben? Aber erstens funktioniert nichts in der Natur hundertprozentig, und zweitens kommt es hier ja auch nur sehr bedingt auf den Erfolg des Paares selbst an, sondern darauf, ob seine Kinder die Chance innerer Ausgeglichenheit und Harmonie und damit eigenen Lebenserfolgs haben. Es ist nun einmal Tatsache, daß Fortpflanzungs- und Lebenserfolg einer Familie – bei Menschen wie bei anderen Tieren – sich nicht einfach geradlinig in die Zukunft fortsetzen, wie die Theorie der Verwandtenzuchtwahl mancher moderner Soziobiologen nahelegt. Die harmonische Passung der Erbsätze innerhalb der erweiterten Familie, des Clans und so weiter, hat nicht lange Bestand und muß immer wieder außerhalb neu gesucht werden. So erfüllt die Werbung ihren Sinn in der allmählich steigenden Vertrautheit, dem Austausch immer intimer werdender Zärtlichkeiten, die eben nicht nur Widerstand überwinden sollen, sondern auch erkunden, ob wirklich alles paßt. »Warum küssen sich die Menschen?« fragt Hiddigeigei (VIKTOR VON SCHEFFEL: Trompeter von Säckingen). Er hätte nur tiefer in die eigene Katerseele zu schauen brauchen, um des Rätsels Lösung zu finden: Verliebte Kater wie verliebte Menschen schmusen, nur jeder eben auf seine eigene Weise.

KÄTZCHEN MUß KATZE WERDEN

Zwei- oder dreiundsechzig Tage später (manche überzüchtete Rassekatzen tragen nur noch achtundfünfzig Tage) kommen sie nun, die blinden und tauben Würstchen, nur etwas schnüffeln und tasten können sie schon. Die mit ihren Menschen nicht so vertraute Katze zieht sich zu dem Ereignis gern in eine dunkle Nische oder Höhle, ins Heu einer Scheune oder ins Dickicht unter überhängende Zweige zurück, wobei sie auf trockene und weiche Unterlage achtet. Die Familienkatze dagegen kündigt an, was bevorsteht, und verlangt unmißverständlich nach einem Wochenbett mit allem Komfort. Ein Kistchen oder fester Karton von etwa 50x70 cm, mit Holzwolle unter einem Stück altem, aber sorgfältig gereinigtem Teppich ist gut; kleiner sollte das Bett nicht sein, damit Mutter und Kinder ausreichend Platz haben und die letzteren auch genügend Bewegungsraum, wenn sie anfangen, etwas lebhafter herumzukriechen. Sonst hat man sie dauernd zwischen den Füßen, und das ist zwei Wochen später immer noch früh und lästig genug. Aus gleichem Grund sollte der Rand nicht zu niedrig sein.

Eine gesunde Mutterkatze benötigt normalerweise keine Geburtshilfe. Ist sie mit einem bestimmten Menschen sehr vertraut, hat sie es aber gern, wenn dieser während der Geburt neben ihr sitzt und ihr beruhigend zuredet. Abnabeln, Sauberputzen und Nachgeburt-Fressen kann auch die Erstgebärende ganz allein. Doch ist sie oft unsicher und ängstlich und bedarf der ermutigenden Gegenwart ihres Menschen mehr als die erfahrene Katze. Auch verläuft bei dieser die Geburt meist schneller, und sie erledigt die anschließenden Arbeiten routinierter.

Die Jungen können die Beinchen noch nicht unter den Körper bringen und diesen hochstemmen. Sie kriechen ähnlich wie ein Salamander dahin, aber es reicht, um mit Hilfe von Tast- und Geruchssinn den Körper der Mutter und mit einer kreisenden und pendelnden Bewegung des Kopfes nach kurzer Zeit auch eine Zitze zu finden. Eine erfahrene Mutterkatze hilft ihnen dabei etwas, indem sie sich zurechtlegt und den Jungen den Bauch zudreht. Erstge-

a

b

Abb. 37: a) Eine »Freundin« beobachtet neugierig den Geburtsvorgang.
b) Nun sind alle Jungen da, und Mutter und Kinder ruhen, wobei die Mutter schützend die Jungen so »umhegt« (im wörtlichen Sinne), daß diese kaum noch sichtbar sind.

bärende sind da oft ungeschickt, doch schließlich erreichen die Jungen auch bei ihnen ihr Ziel. Immerhin kann es da hilfreich sein, wenn man ihnen die Jungen anlegt.

Die Kriechbewegungen haben einen Drall, meist nach links. So kommt es, daß die Jungen, wenn die Mutter sie einmal verläßt, nicht auseinanderdriften, sondern sich zusammendrehen, meist eines mit dem Kopf auf Nacken oder Schulter eines anderen, und sich so gegenseitig wärmen. Gerät doch einmal ein Junges aus dem Nest, so faßt die zurückkehrende Mutter es vorsichtig um Hals oder Schultern und trägt es zurück. Das Junge erleichtert ihr die Mühe, indem es in Tragstarre verfällt: Es zappelt nicht und zieht Schwanz und Hinterpfoten an den Leib.

Es ist aber nicht der Anblick des neben dem Nest umherkriechenden Jungen, der die Rettungsaktion der Mutter veranlaßt. Solange es ruhig bleibt, beachtet die Katze es nicht. Erst wenn es zu frieren anfängt und dann im Rhythmus des hin-und-hersuchenden Kopfes schreit, wird sie aufmerksam und holt es ein. Anders, wenn sie wegen irgendeiner Störung das Nest wechselt; dann spielt die Lautgebung keine Rolle, ebenso später, wenn die schon recht neugierig auf eigene Exkursionen strebenden älteren Jungen sich nach Ansicht der Mutter weiter vom Nest entfernen, als für sie gut ist. Worin hier der Unterschied für die Katze besteht und warum es ihn gibt, weiß ich nicht.

Abb. 38: Ein aus dem Nest geratenes Junges wird zurückbefördert.

In der Folge wächst und reift das Kätzchen heran. Allmählich entwickeln sich alle wesentlichen Verhaltensweisen, hauptsächlich spielend, die es im späteren Erwachsenendasein braucht. Was und wie es dabei lernt, ist eine verwickelte und immer noch nicht ganz geklärte Geschichte. Ganz sicher braucht es nicht zu lernen, *wie* es läuft und springt, Beute fängt und tötet, kämpft, wirbt, sich putzt und so fort. Aber es übt Schnelligkeit und Bewegungssicherheit. Es lernt, was Beute werden kann und was nicht, was es essen kann und leider oft nicht, wovon ihm übel wird, wie es kleine Gegenstände bewegen und was es mit ihnen machen kann, wo das Umfeld Schutz bietet bei Gefahr und wo es nur mit besonderer Vorsicht zu betreten ist. Bei all dem helfen ihm seine »angeborenen« Verhaltensweisen. Die immer noch weitverbreitete Ansicht, ein lernfähiges, intelligentes Wesen brauche keine »Instinkte«, ja diese seien ihm sogar hinderlich, ist grundfalsch. Diese liefern nicht nur Antrieb, sondern auch Richtung und Interessenvielfalt. Man stelle sich etwa vor, ein frischgebackener Student sollte sich selbständig, ohne Anleitung und Lehrbuch, alle Kenntnisse der modernen Physik erarbeiten: Wie lange wohl würde er dazu brauchen, und was würde er erreichen, ehe er an Irrwegen und Fehlern scheiterte? In ganz entsprechender Lage aber wären Tier und Mensch, wenn sie ohne die Hilfe bereits vorentwickelter Verhaltensweisen als *Tabula rasa* auf die Welt kämen. Sie würden zugrunde gehen, ehe sie noch richtig angefangen hätten, die ersten hilfreichen Erfahrungen zu machen. Je höher entwickelt ein Wesen aber ist, desto komplizierter ist auch die Welt, der es begegnet, desto mehr solcher Hilfen braucht es zu ihrer intelligenten Bewältigung. Wenn zwei Katzen in einer Wohnung ungefähr gleichzeitig Junge haben, kommt es vor, daß eine der anderen die Jungen stiehlt und ins Nest zu den eigenen Jungen trägt und beide Würfe zu versorgen sucht. Meist ist es die Mutter der kleineren, etwas später geborenen Jungen, die solchen »Babyklau« begeht. Falls die beiden Mütter sich auch sonst gut vertragen, hat die Bestohlene meist nichts dagegen, steigt mit in die nun gemeinsame Nestkiste, und beide betreuen ihre Jungen zusammen. Auch bei weitgehend frei in Scheunen und dergleichen lebenden Katzen kommen gelegentlich derartige Sammelaufzuchten vor. Kater stehen in dem Ruf, ihre eigenen Kinder zu ermorden, wenn es der Mutter nicht gelingt, sie vor ihm zu schützen. Es gibt aber nicht wenige Kater, die der Mutterkatze im Nest

Abb. 39: »Babyklau« und gemeinsame Aufzucht der beiden Würfe. Man sieht deutlich den Größenunterschied der zusammengeführten Jungen. Weitere Erklärungen im Text.

während der ersten Tage nach der Geburt Futter zutragen und später auch den Jungen, wenn diese ins entsprechende Alter kommen. Kätzchen im Alter von vier bis sechs Wochen üben auf die meisten erwachsenen Katzen einen starken Anreiz aus, ihnen Beute zuzutragen, in geringerem Maße auch auf Kater. Bei verschiedenen wildlebenden Katzenarten – Tigern, Leoparden und Rotluchsen – hat man in den letzten Jahren beobachtet, wie Männchen, vermutlich die Väter, zeitweilig Mütter mit Jungen besuchten, mit den Jungen spielten und im Falle des Rotluchses auch Nahrung anschleppten. Aus Zoologischen Gärten und anderen Tierhaltungen kennt man viele weitere solche Beispiele bei anderen Arten.

Manche Soziobiologen meinen, die Kater verschonten nur die von ihnen selbst gezeugten Jungen und töteten fremde. Der Sinn der Sache sei, so die Verbreitung der eigenen Erbanlagen zu fördern: Die eigenen Jungen würden geschützt und vor der Konkurrenz fremdblütiger bewahrt, und die ihrer Jungen beraubten Katzen kämen schneller wieder in die Hitze und der betreffende Kater hätte so früher Gelegenheit, diese Katzen selbst zu begatten. Nicht nur in bezug auf die Hauskatzen scheint mir diese Deutung der Dinge recht zweifelhaft. In meiner Bonner Katzenhaltung hatte ich bis zu sieben Katzen und fünf Kater in einem Raum mit mehreren miteinander verbundenen Außengehegen. Alle diese Tiere kamen zu mir als Erwachsene und stammten aus weit verschiedenen Herkünften; sie waren sicher nicht miteinander verwandt. Einige dieser Katzen bekamen mehrfach Junge von zweien der Kater. Keiner der anderen Kater hat je versucht, die Jungen zu belästigen, geschweige zu töten. In einer anderen Gruppe habe ich einmal einen freilaufenden Kater angelockt und mit einer Katze verpaart, dann wieder laufen lassen. Der mit der Gruppe lebende Kater hat die daraus stammenden Jungen auch nicht zu töten versucht, sondern sie als Gruppenmitglieder angenommen, sobald sie das Nest verlassen konnten. Manche Kater scheinen sich sogar vor den Jungen zu fürchten und gehen ihnen weit aus dem Wege. Andererseits gibt es einwandfreie Beobachtungen, daß Kater aufgefundene, sogar schon lauffähige Junge eins nach dem anderen gezielt umbringen.

Es wäre auch falsch zu meinen, nur Kater begingen Kindermord. In mein Institut gelangte einst ein Goldkatzenpaar *(Profelis aurata)* aus Togo mit seinen beiden halbwüchsigen Jungen. Als das erwachsene Weibchen bald darauf erneut Junge bekam, war's nicht der Kater, der sie umbrachte, sondern die beiden älteren Geschwister (Bruder *und* Schwester).

Was nun wirklich dahintersteckt, ist durchaus ungeklärt. Ein Verhalten wie der Kindermord der Kater kann viele verschiedene Ursachen haben, und eine einzelne, noch dazu einfache Erklärung kann ihm daher kaum gerecht werden.

Wenn die Milchzähne langsam größer werden, können die immer noch gierig saugenden Jungen der Mutter schon weh tun und lästig werden. Sie wehrt sie immer öfter ab, wenn sie herandrängen. Je mehr Junge sie hat, um so früher endet die Bereitschaft der Mutter, diese zu säugen, bei vier oder mehr Jungen meist schon, wenn diese drei Monate alt sind; ein einzelnes Junges läßt sie oft noch saugen, wenn es sechs und mehr Monate alt ist. Im Alter von sechs bis acht Monaten kommen die jungen Kätzchen in den Zahnwechsel, die Katerchen später als die Weibchen. Für freilebende Katzen ist das eine kritische Zeit, da sie besonders während des Wechsels der Eckzähne zeitweilig nicht fest zubeißen und also nicht töten können. Der neue Eckzahn schiebt sich nicht wie bei uns unter dem Milchzahn hoch und treibt diesen aus der Alveole, sondern er wächst neben ihm, während der Milchzahn sich von der Wurzel her langsam auflöst. Die Alveole muß daher für eine Weile Raum für beider Wurzeln bieten, und wenn schließlich der Milchzahn ausfällt, sitzt der junge Dauer-Eckzahn noch recht locker in einer zu weiten Höhle. Für die Dauer des Zahnwechsels braucht unser Kätzchen also besondere Aufmerksamkeit, darf aber keinesfalls zu sehr mit Weichfutter verwöhnt werden (s. S. 149). In dieser Zeit sind die Jungkatzen auch besonders anfällig für allerlei Infektionen. So richtig voll erwachsen sind Katzen erst mit eineinhalb bis zwei Jahren, Kater mit zwei bis drei Jahren. Erst dann haben sie die letzten Reste der bläulichen Kinderaugenfarbe verloren, erst dann haben sie ihre volle körperliche Ausbildung und Kraft.

WAS DENKT DIE KATZE?

Die schon mehrfach bemühte, aus gemeinsamer Abstammung begründete Du-Evidenz läßt uns keinen Zweifel, daß zumindest höhere Tiere ein ihrer Ausdrucksfähigkeit entsprechendes Erleben haben. Liebe und Haß, Freude und Trauer, Zorn und Furcht bewegen sie wie uns. Nur sind die Anlässe oft andere, und wie weit die Erlebens-Ähnlichkeit zwischen den Arten geht, vermag niemand zu sagen; sicher ist das jeweilige Erleben immer hundlich, elefantisch, kätzisch, gewiß nicht ganz menschlich, aber eben doch verwandt genug, daß wir diese Tiere und sie uns weitgehend verstehen.

Die evidente Tatsache beschäftigte mich schon als Kind und plagte mich mit Zweifeln, wurde ich doch streng nach dem Dogma erzogen, Tiere hätten keine Seele, kein Bewußtsein, könnten also auch nicht denken; allein der Mensch sei so ausgezeichnet. Ganz in diesem Sinne schallt es gerade wieder (1995) im neuen Katechismus von Rom zu uns herüber: »Es ist verboten, Tieren die Liebe zuzuwenden, die nur Menschen zukommt.« Nun, verboten mag es meinetwegen sein, in vielen konkreten Einzelfällen fällt es mir aber sehr viel leichter. Scherz beiseite, es ist eben die wahrnehmbare emotionale Gleichgestimmtheit, welche es uns nicht nur ermöglicht, sondern uns oft geradezu zwingt, für ein Tier Zuneigung und sogar Liebe zu empfinden, Mitleid oder auch Abneigung, ja manchmal auch Haß.

Eine andere Frage ist es, ob Tiere außer »dumpfen«, unreflektierten Gefühlserlebnissen auch eine konkrete, gegliederte Vorstellungswelt haben. Können Tiere denken? Die scholastische Stufeneinteilung der Seele (Anima vegetativa, animalis und rationalis) scheint das zu leugnen. Nur dem Menschen kommt ihr zufolge Vernunft zu. Als Achtjähriger antwortete ich meiner Mutter darauf: »Ich glaube, die Tiere denken auch, aber nicht wie wir in Worten, sondern in Bildern.« Mein späterer Lehrer KONRAD LORENZ meinte, auch menschliches Denken sei primär nicht an die Wortsprache gebunden, es sei »Hantieren im Vorstellungsraum«. Schon die Sprache weise darauf hin: »... so richtig *erfaßt* haben wir einen *Zusammenhang* erst dann, wenn wir ihn *begriffen* haben.« WOLFGANG KÖHLER zeigte, wie

Schimpansen die verschiedenen Gegenstände ihrer Umgebung (unerreichbar hoch aufgehängte Banane, Kiste, Stock) »zusammenschauten« und so das Problem lösten, die Banane zu erlangen. Die drei soeben geschilderten Aussagen widersprechen sich zwar nicht, aber sie sind doch verschieden. Ob die Bilder im Vorstellungsraum nur »wie von selbst« in einigermaßen logischer Reihenfolge auftauchen oder »bewußt« aufgerufen und gesteuert werden oder ob das damit »denkende« Subjekt sie aktiv bewegt und ordnet, macht einen bedeutenden Unterschied. Und wie ist wohl der »Vorstellungsraum« beschaffen, in dem sich das alles abspielt?

OTTO KOEHLER und seine Schüler erforschten in zahlreichen Versuchen das »vorsprachliche Denken« von Tauben, Raben, Papageien, Meerschweinchen, Mäusen, Ratten und Kleinkindern. Sie alle sind fähig, Anzahlen bis zu sechs zu erfassen, unabhängig von der Form, Anordnung oder Reihenfolge, in der man sie ihnen darbietet. Dieses »Erfassen unbenannter Anzahlen« gehört offenbar zur Grundausstattung zumindest aller höheren Wirbeltiere. Wie es damit bei den Katzen steht, hat man nicht untersucht, weil sie auf die hierbei übliche Dressurmethode nicht gut ansprechen. Bei anderen Versuchen KOEHLERS stellte sich heraus, daß schon »niedere« Säugetiere wie Mäuse räumliche Verhältnisse in abstrakter Form erfassen. So können sie ein einmal erlerntes Labyrinth auch noch, ohne zu stocken, durchlaufen, wenn es aufs doppelte vergrößert wird oder die zuvor rechten Winkel völlig verzerrt sind. Wie steht es damit bei unserer Katze? Während die zur eben geschilderten Leistung nötige Raumvorstellung der Maus vorwiegend aus Wahrnehmungen des Tast- und Bewegungssinns aufgebaut wird, hat die Katze wohl einen im wesentlichen optisch bestimmten Vorstellungsraum. Daher findet sie sich mühelos in einem fremden Raum zurecht, wenn sie ihn zuvor durch ein Fenster oder dergleichen anschauen konnte, auch wenn er unterteilt und reich gegliedert ist.

Viele Leute halten Katzen für dumm, weil sie sich angeblich nicht leicht mittels Lohn und Strafe abrichten lassen, vor allem, wenn der »Lohn« in einem Futterbröckchen besteht. Letzteres trifft zu, hat seine Ursache aber nicht in Begriffsstutzigkeit, sondern im Temperament: Ist die Katze gerade nicht hungrig, so wirkt auch ein ausgesuchtes Appetithäppchen oft nicht als genügender Anreiz; ist sie sehr hungrig, so übersieht sie in »blinder Gier« alle Hinweise, die sie

Abb. 40: Den zuvor schon durch Hineinschauen erkundeten Raum betritt das Kätzchen dennoch zunächst mit Vorsicht, wie die geduckte Haltung zeigt (a); bald aber untersucht es eifrig alles irgendwie Auffällige darin (b–c).

zur Lösung der gestellten Aufgabe führen könnten. Die Belohnung mit einem Leckerbissen wirkt daher zuverlässig nur in einem sehr »schmalen« Bereich mäßigen Appetits. Für die Dauer einer längeren Versuchsreihe eine Katze in dieser Laune zu halten, gelingt nicht leicht. Man muß sich einen anderen Anreiz als etwas Eßbares einfallen lassen, will man den Lerneifer einer Katze wachhalten.

Einen solchen fand man, als man das Farbensehen der Katzen untersuchte. Lange Zeit hielt man Katzen (und andere Raubtiere) für farbenblind. Daran hatte die eben geschilderte Versuchstechnik mit Futterbelohnung wesentlichen Anteil. »Katzen können zwar keine Farben sehen, aber sie wissen ganz genau, vor welchem Hintergrund sie am besten wirken, am schönsten aussehen«, meinte eine begeisterte Katzenfreundin. Vielleicht sollten Fotografen erlesener Zuchtprodukte dies beherzigen und den Katzen die Wahl überlassen, ehe sie ihre blau-rosa Samt-und-Seide-Orgien anrichten? Ein Wurf von vier Kätzchen erhielt einen Satz pastellfarbener Schaumgummibällchen in rosa, blaßgelb, hellgrün und himmelblau. Die Tierchen spielten mit den erstgenannten Farben häufiger; die Bällchen verschlissen daher verschieden stark in der genannten Reihenfolge. Ein zweiter Satz mit gleichen, aber kräftigeren Farben erfuhr gleich unterschiedliche Behandlung. Die Marburger Forscherin Christiane Buchholtz nutzte die Spielleidenschaft ihrer Katze dann systematisch aus. In über zweitausend Versuchen bewies sie, daß die Katze auf jede beliebige Farbe zu dressieren war und diese von gleichhellen Grautönen einwandfrei unterscheiden konnte. Sie benutzte verschiedenfarbige Spielzeugmäuse, welche sie entweder nebeneinander aufgereiht oder unordentlich in einem Kasten der Katze darbot; die konnte dann eine auswählen. Die Belohnung bestand darin, daß bei »richtiger« Wahl (der Farbe, auf die gerade dressiert wurde) die Maus zum Spiel bewegt wurde. Alle Grundfarben unterschied die Katze sicher; nur Violett und Rot beziehungsweise Grün und Blau verwechselte sie manchmal, aber keineswegs so oft, daß Zweifel an ihrer Fähigkeit, auch diese Farben zu unterscheiden, gerechtfertigt wären (<20%/Fälle). Lebenslange Beobachtung macht es mir aber wahrscheinlich, daß Katzen in ihrem Alltagsdasein den Farben in ihrer Umgebung wenig Beachtung schenken. Die Versuche zeigten also nicht nur, daß Katzen Farben wirklich sehen können, sondern auch, daß sie gescheit genug sind zu merken, wenn dieses sonst wenig beachtete Merkmal plötzlich Bedeutung für sie erlangt, und dann sehr schnell lernen, darauf zu achten.

Schon vor langer Zeit hat der tschechische Verhaltensforscher TEYROVSKY nachgewiesen, daß Katzen anderen Katzen einen einfachen Trick »abgucken« können, wenn sie diesen dabei zusehen dürfen, zum Beispiel wie man sich aus einem sogenannten Vexierkasten befreit, wenn man einen bestimmten Hebel drückt. Dabei lernen die Zuschauer schneller, wenn die Vormacher ihre Aufgabe noch nicht routiniert beherrschen, sondern sie selbst erst lernen müssen. Viele Katzen nutzen diese Fähigkeit im häuslichen Leben: Sie gucken ihren Menschen ab, daß die Klinke etwas mit dem Öffnen einer Zimmertür zu tun hat, springen danach und lernen dann durch Versuch und Irrtum, die Tür zu öffnen. Wie weit sie dabei Einsicht in die Mechanik der Türklinke gewinnen, ist offenbar von Tier zu Tier verschieden. Viele Katzen springen und greifen nach der Klinke, ohne gezielt zwischen Achse und Hebelende zu unterscheiden, und wiederholen das so oft, bis sie zufällig das letztere treffen und die

Abb. 41: Die Mutter untersucht einen Fensterrahmen, das Söhnchen schaut in die gleiche Richtung und ihr zu; lernt es hier etwas nur vom Beobachten?

Tür sich öffnet. Einige lernen es aber, direkt nach dem Hebelende zu springen und es im ersten Versuch herabzuziehen. Ganz wenige springen nach der Achse, halten sich daran mit einer Pfote und drücken ganz bewußt mit der anderen aufs Hebelende. Bei ihnen kann man wohl kaum daran zweifeln, daß sie wirklich erfaßt haben, wie's funktioniert. Ein verzweifelter Katzenmensch brachte nacheinander drei verschiedene Verschlüsse an seinem Kühlschrank an. Jedesmal, wenn die Katze auch nur einmal zugesehen hatte, wie er sie öffnete, wußte sie sofort, wie es zu machen war, wenn sie auch wegen ihrer geringen Größe und Kraft nicht immer Erfolg damit hatte. Kater »Milan« schließlich war ein meisterlicher Türöffner. Beobachtete er, wie sein Mensch die Tür abschloß, so sprang er an die Klinke und versuchte tatsächlich, mit einer Pfote den Schlüssel zu drehen. Natürlich gelang ihm das nicht, aber irgendeine Art von Einsicht, daß der Schlüssel ihn daran hinderte, die Tür in der gewohnten Weise zu öffnen, muß er wohl gehabt haben. Aber wie weit ging diese Einsicht, welcher Art war sie?

Zweierlei Beobachtungen scheinen mir zwingend darzutun, daß zumindest manche Katzen ein Verständnis von ursächlichen Zusammenhängen haben. Der Bengalkater »Shiva« spielte mit einem Lederhandschuh, den ich an einer etwa drei Meter langen Leine vor ihm herzog, faßte ihn mit den Zähnen und wollte ihn wegtragen wie eine Beute. Die Schnur spannte sich, und der Kater zerrte mit aller Kraft daran; dann sah ich, wie er innehielt und sein Blick die Schnur entlang zu meiner das Ende haltenden Hand lief. Ich ließ etwas locker, der Kater ließ den Handschuh fallen. Nun band ich das Ende der Schnur an den oberen Ast eines Kletterbaumes und bewegte dann wieder den Handschuh verführerisch vor »Shiva«, der auch sofort wieder zugriff, zog, wieder die gespannte Schnur entlang blickte – und im nächsten Augenblick saß er oben auf dem Ast und zerrte mit den Zähnen am Knoten. Zwei Luchse übrigens, die ich ähnlich mit einem längeren Fichtenzweig zum Spiel reizte, zerrten erst am Ende, blickten ebenfalls den Zweig entlang, zögerten einen Augenblick und attackierten dann meine Hand, allerdings spielerisch freundlich: Ich blieb unverletzt. Wie sparsam man das auch zu erklären versucht, man kann wohl nicht umhin anzunehmen, diese Tiere wußten, was das begehrte Objekt festhielt und daß der verbindende Teil, Schnur oder Zweig, nur Mittel und nicht das eigentliche Hindernis war.

Etwas weiter führt folgender Fall: Kater »Smudge« lebte in meinem Arbeitszimmer, und dieses hielt für seine rückwärtigen Bedürfnisse eine größere Wanne mit Sägemehl bereit. Als er einmal in Vorbereitung eines »Geschäfts« eine Grube aushob, die wegen des leichten Materials recht tief wurde, stieß er mit der ausholenden Pfote gegen den gegenüberliegenden Rand der Grube, ein wenig Sägemehl stäubte auf und fiel im Bogen hinter der Grube nieder. Sofort unterbrach der Kater seine Tätigkeit, schaute über den Rand, hob dann die Pfote und stieß mit genau der gleichen Bewegung wie zuvor mit der Rückseite gegen den Grubenrand. Wieder stäubte Sägemehl auf, des Katers Blick verfolgte Aufstieg und Fall, nach einer kleinen Pause wiederholte er das Ganze noch einmal und setzte dann seine vorherige Beschäftigung fort. Dieser Vorgang ist in mehrfacher Hinsicht bemerkenswert. Dem Kater fällt ein Vorgang auf; seine Neugier wird genügend erregt, um ihn seine Vorbereitung zu dem immerhin »drängenden« Geschäft unterbrechen zu lassen; ihm ist offenbar bewußt, daß nicht eine x-beliebige, sondern eine ganz bestimmte Bewegung seiner Pfote das kuriose Phänomen verursacht hat; daher wiederholt er genau diese Bewegung mit Bedacht und beobachtet, wie sie tatsächlich den erwarteten Erfolg hat; nun ist seine Neugier befriedigt. Wenn ein Wissenschaftler etwas in der Abfolge der Ereignisse völlig Gleichartiges tut, nennt man das wissenschaftliche Hypothesenbildung und experimentelle Nachprüfung. Das sind Höchstleistungen menschlichen Geistes, und selbstverständlich ist dazu kein Tier imstande. Wo kämen wir denn da hin, wenn wir so etwas annehmen sollten?! Halten wir also einfach fest: Dieser ganz bestimmte Mischlingskater (Vater ein Hauskater, Mutter aus Bengalkater und Hauskatze) hat an einem bestimmten Tage gehandelt wie beschrieben. Und nun sei jemand so freundlich und erklär's mir anders. Es ist ja immer wieder ergötzlich, zu welcher Wortakrobatik und Gehirnverwindung manche Leute fähig sind, wenn sie die Einzigartigkeit des menschlichen Geistes in Gefahr glauben.

Nun sind die eben geschilderten Beispiele Einzelbeobachtungen. Es liegt in der Natur der Sache, daß sich solches Verhalten nicht serienweise herbeiführen läßt. In der Wissenschaft stehen derartige Einzelfälle nicht hoch im Kurs und werden als »Anekdoten« belächelt. Jedoch liegt gar kein Grund vor anzunehmen, es handle sich hier um ganz seltene Ausnahmefälle. Es dürfte vielmehr nur Mangel an Beobachtung und Dokumentation sein, der sie uns so ungewöhnlich erscheinen läßt. Von Affen, Elefanten und Delphinen sind entsprechende Leistungen wohlbekannt, nur etwas »so niederem« wie Katzen will es niemand zutrauen. Mir scheint, wir müssen da ein wenig umlernen. Es ist auch leicht einzusehen, warum ein hochentwickeltes Raubtier vergleichsweise klüger sein muß: Sein »Essen« kommt zwar nicht auf Rädern, aber freibeweglich auf vier Füßen oder gar zwei Flügeln. Die Beute hat ihren eigenen Willen. Ihre Bewegungen und ihr Verhalten mit einiger Erfolgssicherheit vorauszusehen erfordert scharfe Beobachtung, Vergleich vorheriger Erfahrungen und Einschätzung der je verschiedenen äußeren Umstände, alles Leistungen, die in der einen oder anderen Form in den oben aufgezählten Beispielen zutage traten.

In noch einem anderen Punkt tut Umdenken not: Früher hat man sich vorgestellt, je mehr Verhaltensanteile eines Tieres von Erfahrungen und anderen Umwelteinflüssen unabhängig, also »umweltstabil«, sich entwickelten, um so weniger brauche es zu lernen und um so geringer seien sein Lernvermögen und seine sonstigen intelligenten Fähigkeiten ausgebildet. So sah man »Instinkt und Erfahrung« als Gegenspieler, und erst der Zerfall der »Instinkte«, meinte man, öffne »das Tor, durch das der große Erzieher Erfahrung« eintreten könne. Nun, es gibt sicher Fälle, in denen das so aussieht. Eine Kollegin zog aus nach Australien, um das Verhalten von verschiedenen Arten der Raubbeuteltiere zu untersuchen. Beuteltiere gelten allgemein als »primitiver« als die »echten« (plazentalen) Säugetiere. Die Forscherin ging also davon aus, die Raubbeutler, da primitiver, hätten ein vielfältigeres Instinktsystem und könnten daher weniger lernen als etwa Marder oder Katzen. Aber sie fand dann heraus, daß die Beutler zwar weniger gescheit sind, aber auch instinktärmer. Mindestens bei den Säugetieren gilt ein anderes Verhältnis: Je mehr einzelne Instinkte sie haben, in um so mehr Richtungen drängen ihre Tätigkeiten und damit, menschlich ausgedrückt, ihre Interessen, um so mehr verschiedenerlei Erfahrungen kommen daher auf sie zu oder erstreben sie, um so reicher und vielgestaltiger wird ihr Erfahrungsschatz und um so mehr Anreiz besteht auch, eine Denkfähigkeit zu entwickeln, die es vermag, diese Erfahrungen auf vielfältige Weise miteinander zu verknüpfen und zu vergleichen. Katzen haben also nicht nur eine Seele, sondern dazu auch noch eine recht gescheite.

STUBENKATZEN

Etwa die Hälfte aller Katzen Mitteleuropas lebt ausschließlich in der Wohnung oder im Haus. Viele Stadtmenschen in ihren Etagenwohnungen wollen ihr naturfernes Dasein oder ihre Einsamkeit mit einem unaufdringlichen Hausgenossen beleben. Oft verurteilt auch ein übertriebenes Bedürfnis, das Tier vor aller und jeder Gefahr zu schützen, die Katze zum dauernden »Heimtier«. Da ist sie dann mehr als sonst schon darauf angewiesen, daß »ihr« Mensch sie richtig behandelt. Es mangelt in der üblichen Stadtwohnung ja so ziemlich an allem, was ein freies Katzenleben ausmacht: Es gibt keine Beutetiere, die es zu überlisten und zu überwältigen gilt, keine Rivalen, denen man das Territorium oder den Rang streitig machen kann, keine Sexualpartner, Jungtiere, Raufereien, Freßfeinde, keinen Wechsel der Jahreszeiten... die Liste ließe sich noch lange fortführen. So mag das Dasein einer Stubenkatze zwar behütet, aber trotz aller liebevollen Behandlung durch den Menschen geradezu tödlich langweilig sein. Als lernfähiges Tier, das sie ist, wird sie sich anpassen – was bleibt ihr schon anderes übrig? –, aber sie wird auch allmählich ein paar »Macken« bekommen, die dem Besitzer, der ja nur sein eigenes Tier gut kennt, kaum auffallen. Auf Besucher, die »Außenkatzen« haben, wird so ein Etagentier freilich »neurotisch«, »verrückt«, »mitleiderregend« wirken; nur, wer sagt so etwas schon laut?

Wie schnell und gründlich so ein Stubenkatzenleben verpfuscht sein kann, will ich mit einer Geschichte aus einer Großstadtwohnung illustrieren. Sie mag überzeichnet wirken, ist aber nicht erfunden, und ähnliches kommt gar nicht selten vor. Zwei Schwestern mittleren Alters, beide dick, einsam und gutherzig, nahmen aus Mitleid ein kleines Straßenkaterchen in ihr gemütliches Heim auf. Es sollte ein besseres Schicksal erhalten, als es ihm draußen in der gnadenlosen Glas-Asphalt-Betonhölle geblüht hätte.

Statt aber zärtliche Dankbarkeit zu zeigen, begann der Kater bald, sich zu einem kleinen Monster zu entwickeln. Trotz teuerster Leckerbissen wollte er nicht so recht gedeihen; er fraß zuwenig und hatte nie richtigen Appetit. Er wurde zum Füttern auf den Schoß genommen, die winzig klein geschnittenen Kalbfleischbröckchen wurden ihm einzeln in den Mund geschoben, doch sein Heikel wuchs ins schier Unermeßliche. Er hörte nicht mehr auf seinen Namen, starrte stur in einen Winkel oder sah weg, wenn er angesprochen wurde, was allerdings mit nervtötender Häufigkeit geschah. Bald ließ sich der Kater auch nur noch ungern anfassen. Es fiel auf, daß er niemals schnurrte. Den mit viel Liebe ausgesuchten Spielmäusen schenkte er kaum Beachtung, dafür aber um so mehr den samtbezogenen Möbeln und den Tapeten, die bald an den meisten Stellen, die der Kater erreichen konnte, in Streifen herunterhingen.

Später bekam er mit zunehmender Häufigkeit Wutanfälle, rannte buchstäblich die Wände hoch, warf Vasen, Blumentöpfe und Geschirr herunter. Zu den guten Tanten wurde er ausgesprochen grob. Er kratzte und biß »aus heiterem Himmel« und sprühte seine Urinmarken an Ecken, Vorhänge und Möbel, wenn ihm irgend etwas nicht paßte. Trotzdem liebten die beiden Damen ihren Kater zärtlich, und sein ungebührliches Verhalten entschuldigten sie mit einer geistigen Zurückgebliebenheit, die er wohl bei seinem harten Kinderschicksal erworben hatte.

Dann wollte sich die Geschichte noch einmal zum Besseren wenden: Eine hübsche junge Katze in ihrer ersten Rolligkeit begehrte hartnäckig Einlaß in die Wohnung. Der Kater mochte sie auf Anhieb, so durfte sie bleiben. Da sie angeblich den naturgemäß keuschen Kastraten nach allen Regeln der Kunst verführen wollte, wurde sie Potiphar getauft und schließlich sterilisiert. Die Katzen spielten miteinander, manchmal rauften sie auch, daß die Fetzen flogen. Der Appetit des Katers besserte sich, da er sich das Futter nicht immer von Potiphar wegfressen lassen wollte. Eines Tages wurde der Kater krank. Er hatte Katzenseuche (nicht von Potiphar!) und starb sehr schnell. Die beiden Schwestern hatten eine Schutzimpfung nicht für nötig erachtet, denn die Katzen kamen ja ohnehin nie aus der Wohnung. Sie wußten nicht, wie leicht die Erreger eingeschleppt werden können.

Nun war »Potilein« der alleinige Liebling. Es dauerte nicht lange, und sie wollte nicht mehr richtig fressen, obwohl die Leckerbissen immer kostbarer wurden und die Katze dazu auf dem Damasttischtuch zwischen den Tellern ihrer Frauchen sitzen durfte. Sie wurde mager, schnurrte nicht mehr, beschädigte die Wohnungseinrichtung bei ihren

Wutanfällen ... kurz, sie war bald ein Ungeheuer und zugleich ein Häufchen Elend, genauso wie der Kater vor ihr. Den beiden guten Damen kam aber nie in den Sinn, daß ihre falsch verstandene, erdrückende Liebe zu den Katzen an deren Unarten schuld war. Sie merkten nicht einmal, *daß* etwas am Verhalten ihrer Katzen nicht stimmte, da ihnen ja der Vergleich mit einem »normalen« Tier fehlte.

Viele Katzenliebhaber, denen ähnliches Fehlverhalten wie das geschilderte schon aufgefallen ist, stehen auf dem Standpunkt, man dürfe Katzen überhaupt nicht in einer Wohnung einsperren, und sie haben bis zu einem gewissen Grade recht. Wenn es die Bedingungen einigermaßen zulassen, sollte man der Katze Gelegenheit zum freien Auslauf geben. In der Großstadt ist dies allerdings oft nicht möglich, und hier ist es die Aufgabe des Menschen, der Katze ein fehlendes Stück Natur zu ersetzen. Aus einem Etagentier einen kleinen (wenn auch verwöhnten!) Menschen machen zu wollen, kann niemals zu einem guten Ende führen. Mit etwas Einfühlungsvermögen und der Einhaltung einiger einfacher Spielregeln gelingt es durchaus, die Stubenkatze so zu halten, daß sie sich wohl fühlt nach dem Motto: »Hier bin ich Katz, hier darf ich's sein« (vergebt mir, Herr Geheimrat, Ihr hieltet es ja mehr mit Pudeln).

Das Katzenrevier in der Wohnung

Die freilaufende Katze hat ein Revier. Es besteht meist aus einem begrenzten Heimgebiet, in dem sie schläft, ruht, frißt oder die Umgebung beobachtet, und aus einem Streifgebiet mit regelmäßig besuchten Örtlichkeiten, die durch ein Netz regelmäßig begangener Wege verbunden sind. Hier sind die Jagd-, Ranz-, Kampfplätze. Kater wie Kätzinnen verteidigen ihre Reviere und markieren deren Grenzen (s.S. 17). In vielen Fällen überlappen sich die Reviere, das heißt, manche Wege, Beobachtungsposten oder Jagdgebiete werden von benachbarten Katzen gemeinsam benutzt, aber meist *nicht gleichzeitig*. Die Katzen folgen hierbei einem erstaunlich genauen Zeitplan, um Streit zu vermeiden.

So wird es verständlich, daß es ein Fehler ist, der Stubenkatze die ganze Wohnung zu überlassen. Sie braucht (zeitweise) verbotene Zonen, die ihr die Reviergrenzen ersetzen. Der Eßtisch, ein neues

Sofa, die Küchenanrichte, das Schlafzimmer oder die gute Stube können tabu sein, wobei es dem Menschen wie auch seiner Katze überlassen sei, wie streng solche Verbote eingehalten werden sollen. Unbedingte Konsequenz, unerläßlich bei der Hundeerziehung, ist hier nicht immer angebracht. Ein Schlafzimmer beispielsweise, das tagsüber der Katze verschlossen bleibt, ist nachts ein um so begehrterer Aufenthaltsort, eben *weil* sie sonst nicht hineindarf. Ein Tisch ist unantastbar, wenn der Mensch in der Wohnung ist; wenn nicht, weiß er sowieso von nichts. Findet er dann aber Katzenhaare auf dem Tischtuch, übersehe er sie gnädig. Eine Strafe im nachhinein ist sinnlos; denn die Katze kann den Zusammenhang ohnehin nicht mehr erkennen.

Allerdings darf man die Katze da auch nicht unterschätzen. Kater Sandor, sonst wohlerzogen, übertrat manchmal das Verbot, auf dem Bett zu liegen. War er noch in Sichtweite, konnte man ihm »auf kätzisch« leicht verständlich machen, daß man seine Tat mißbilligte. Katzen schnüffeln ausgiebig an Plätzen, wo andere Katzen gelegen oder gesessen haben. In gleicher Weise beschnüffelte Sandors Mensch den verbotenerweise benutzten Liegeplatz des Katers und starrte diesen dann streng an. Sandor blickte kurz zurück, verließ »todbeleidigt« das Zimmer und wiederholte das Vergehen einige Wochen lang nicht mehr. Die gleiche Erziehungsmethode verleidete ihm auch das Naschen nach kurzer Zeit für immer. Natürlich gibt es dickfellige Katzen, denen solch' subtile Methoden keinen Eindruck machen.

Gelegentlich sind Verbote auch notwendig, damit sie übertreten werden können. Wie die Freilandkatze braucht die Stubenkatze nämlich manchmal die Herausforderung; sie wird beispielsweise versuchen, die »Reviergrenzen« zu überschreiten, indem sie vor den Augen ihres Menschen auf das verbotene Sofa springt und ihn dabei dreist anschaut. Kaum etwas ist aber frustrierender als eine ins Leere laufende, unerwiderte Provokation, da geht es den Katzen nicht anders als uns. Es wäre hier also grundfalsch, das »liebe Miezchen« gewähren zu lassen. Am wirkungsvollsten ist es, zurückzustarren, drohende Laute (z.B. ein scharfes »Nein«; wer's richtig kann, soll fauchen) von sich zu geben und, zeigt sich die Katze wenig beeindruckt, ihr sanft ins Gesicht zu blasen. Das entspricht etwa dem Luftstrom, den eine fauchende Katze ausstößt, und hat meist einen

Abb. 42: Sobald Sprungfähigkeit und Kletterkünste ausreichen, gilt die Neugier besonders »verbotenen Zonen«, hier der Tischfläche.

drastischen Effekt. Deshalb sollte man es nicht als Strafe verwenden, sondern nur in »direkten« Auseinandersetzungen, das heißt, um sie von dem Ort, an dem Katzen nicht erwünscht sind, zu vertreiben.

Katzen haben ein ausgezeichnetes Ortsgedächtnis, und vieles, was sie lernen, ist nicht oder nicht ausschließlich gegenstands-, sondern (auch) ortsgebunden. Stellt man die Möbel in der Wohnung völlig um, so sind Tisch, Schrank und Sofa für die Katze nicht mehr »dieselben«: Darauf zuvor bezogene Ge- und Verbote und Gewohnheiten gelten nicht mehr ohne weiteres. Diese müssen dann neu eingeübt oder wenigstens »nachgeschärft« werden. Besonders heikel ist da das Katzenklo: Manche Katzen schaffen die Umstellung problemlos, andere müssen den Ort im veränderten Wohnungsensemble erst neu »definieren«.

Da der Stubenkatze das Spritzharnen und andere olfaktorische Ausdrucksmittel meist gänzlich verwehrt sind, bleibt ihr zum Imponieren und zur Reviermarkierung nur das Krallenschärfen (siehe

S. 44). In der Wahl ihrer bevorzugten Kratzstellen beweist sie zum Leidwesen mancher Hausfrau einen ausgeprägten Eigenwillen. Zur Schonung der Möbel reicht es jedenfalls kaum aus, der Katze einen einzigen Kratzpfosten o. ä. aufzustellen. Es ist schon besser, ihr drei oder vier Möglichkeiten zum Krallenschärfen zu geben, vorzugsweise in der Nähe »verbotener Zonen«. Ein altes Korbgeflecht, ein starker Ast, der vom Boden bis zur Decke reicht, eine verzweigte Wurzel aus dem Wald oder der Stadtgärtnerei bereiten der Katze oft mehr Freude als der teure »Kratzbaum« aus dem Zoohandel. Manchmal bleibt aber auch nichts anderes übrig, als ihr das Möbelstück zu opfern, das sie sich als »Krallenschärf- und Markierstätte« erkoren hat. Ab und zu eine neue Kratzgelegenheit schenkt der Katze ein wenig von der Abwechslung, die sie in der Wohnung sonst meist entbehrt.

»Beutefang« der Stubenkatze

Beobachtet man eine Stubenkatze beim Spiel, fällt auf, wie lange und ausdauernd sie sich mit einem Gegenstand beschäftigen kann. Mit schnellen Tatzenschlägen treibt sie das Objekt über den Boden, packt es, schleudert es in die Luft, um gleich danach zu springen, sie stopft es unter den Teppich und hangelt es wieder hervor, sie ergreift es mit beiden Tatzen und überschlägt sich dabei ... und der Zuschauer freut sich an den »fröhlichen« Kapriolen des »verspielten« Kätzchens. Es wird wohl kaum jemandem bewußt, daß es sich hierbei um den Ausdruck einer viel zu lange aufgestauten Jagdlust handelt. Selbst eine Freilandkatze, die längere Zeit kein lebendes Beutetier mehr erwischt hat, reagiert sich mit dem »Stauungsspiel« an ihrem nächsten Fang ab, bevor sie ihn tötet und verzehrt, sei sie auch noch so hungrig.

Nun ist es vom Wohlwollen und den Nerven eines durchschnittlichen Stadtmenschen sicher zuviel verlangt, daß er seinem Liebling täglich einige Mäuse aus der Tierhandlung mitbringt oder gar selbst mit der Mäusezucht beginnt. Auf der anderen Seite ist es zuwenig, der Katze ein Spielzeug zu besorgen und es ihr bloß hinzuwerfen. Hier ist es erforderlich und eigentlich auch einfach, der Stubenkatze

Abb. 43: Schnelle Lauf- und Springspiele fördern die Leistungsfähigkeit.

etwas zu bieten, womit sie sich wie eine richtige Katze beschäftigen kann.

Man muß nur ein wenig Zeit investieren. Das schönste Spielzeug für eine Katze ist nämlich jenes, an dessen anderem Ende ein Mensch agiert. Eine Schnur mit oder ohne Papierknäuel, die über den Boden gezogen wird, ein geflochtenes Lederband, das man »schlängelt« oder in raschen, unvorhersehbaren Bewegungen durch die Luft schleudert, ein kleiner Gummiball, quer durch das Zimmer geworfen, macht der Katze nicht nur mehr Spaß als die viel zu langsame Aufziehmaus, sondern ist auch gut für die Kondition. Man darf nicht vergessen, daß die Natur dem Katzenkörper oft Höchstleistungen abverlangt. Deshalb sind in der Wohnung *schnelle* Renn- und Springspiele wichtig. Keine Angst, daß Mieze dabei überfordert wird; wenn ihr Antrieb oder ihre Kräfte erschöpft sind, hört sie von selbst mit dem Spiel auf. Das Entscheidende aber ist, *daß* sie rechtschaffen müde wird, sie muß sich »ausarbeiten«.

Mit sehr alten, gebrechlichen Katzen und ganz jungen sollte man freilich etwas sanfter umgehen. Wenn sie sich überfordert fühlen, dann hören sie nicht bloß auf, sondern können Angst bekommen. Auch hochbetagte Katzen spielen aber gern, solange sie gesund sind. Für Jungtiere ist das Spiel nachgerade lebensnotwendig. Sie müssen sich ja nicht »nur« beschäftigen oder heranreifende Antriebe und Bewegungsmuster entwickeln, sondern sie lernen dabei auch vieles über die Eigenschaften von großen und kleinen Gegenständen, was man mit ihnen anstellen kann und was nicht und welche Überraschungen man mit ihnen erleben kann, wenn man's ungeschickt anstellt. Es ist ein Vergnügen, zu erleben, wie sich die Geschicklichkeit und das Tempo eines Jungkätzchens beim Spiel allmählich steigern.

Beim oben beschriebenen »Stauungsspiel« kann man oft sehen, wie die Katze ihr Beutetier oder auch ihr Spielzeug in ein Schlupfloch »entkommen läßt«, um es daraus wieder hervorzuhangeln. Wenn eine Maus zu dumm ist, das Loch zu finden, schiebt die Katze sie manchmal selbst hinein. Während dieser Prozedur wird das Beutetier nicht verletzt. Hier ist nicht der Beutefang das einzelne Hauptmotiv, sondern der augenblicklich stärkste Antrieb, »mit der Pfote etwas aus einem Loch zu ziehen«. Der Beutefang läuft bekanntlich bei der Katze nicht nach dem starren Schema »Lauern – Anschleichen – Packen – Fressen« ab. Die einzelnen Antriebe sind voneinan-

Abb. 44: »Lauern vorm Mauseloch« ist eine beliebte Beschäftigung der gestauten Stubenkatze, auch wenn wie hier unter der aufgewölbten Teppichkante gar nichts im »Loch« ist.

a

Abb. 45: Hier »beschleicht« der Kater eine hochstehende Teppichkante (a) und »erlegt« sie im – keineswegs simulierten – Beutesprung (b).

b

der unabhängig und werden von der Katze meist in eine logische Folge gebracht. Hatte die Katze aber längere Zeit keine Betätigung, kann sie die Handlung, die am heftigsten »aus ihr herausdrängt«, vorziehen .

Wer eine Mausekatze im Hause hat, soll also bitte nicht allzusehr erschrecken, wenn er beim Hineinschlüpfen in seine Pantoffel auf eine Maus stößt. Er möge der Katze auch nicht zürnen; es geschah nicht aus böswilliger Heimtücke, sie hat nur ihr Spielobjekt dort vergessen, als der Trieb abreagiert war.

Aus leicht verständlichen Gründen ist die Stubenkatze besonders häufig von Stauungen der einzelnen Antriebe betroffen. Zumindest in dem eben beschriebenen Fall kann man leicht helfen – mit einem Paar stehengelassener Schuhe. Perfektionisten basteln ihrer Katze eine feste Schachtel mit einem »Mauseloch«.

Da Katzen Ansitzjäger sind, nützen sie gerne Verstecke, von denen aus sie die »Beute« belauern und anspringen können. Günstige Gelegenheiten dazu finden sie in der Wohnung ganz von selbst. Jeder dunkle Winkel, ein zusammengeschobener Teppich, Wäsche- und Einkaufskörbe, lange Vorhänge, ein herabhängendes Tischtuch dienen ihnen als Tarnung für einen Hinterhalt. Zusätzlich kann man fast alle Katzen mit einem »Zeitungsdach«, mitgebrachten Pappschachteln oder Papiertüten in Wonne versetzen.

Schließlich braucht die Stubenkatze noch eine Klettermöglichkeit oder besser mehrere, sonst leiden die Vorhänge. Ob der »Baum« selbst gebastelt oder im Zoofachhandel besorgt wird, ist der Katze ziemlich gleichgültig. Wichtig ist nur, daß er beim Anspringen nicht umkippt. Es ist von Vorteil, wenn er sich leicht umbauen läßt, denn auch hier kann man durch Abwechslung Langeweile, Desinteresse oder Stereotypien vorbeugen.

Die »Raufspiele« gehören nicht ausschließlich zum Thema »Beutefang«. Die menschliche Hand, welche die Katze umwirft, auf den Rücken dreht, sich ihrerseits »überfallen« läßt, ersetzt die (junge) Mitkatze. Dabei zeigt Mieze oft das gesamte Bewegungsinventar des Beutemachens; das Spiel mit einem Partner ist dementsprechend, genauso wie das Objektspiel, zur Einübung der Beutefanghandlungen da. Ebenso häufig lassen sich Komponenten des Angriffs- und Abwehrkampfes zwischen Rivalen erkennen. Als Beispiel hierfür sei eine besonders auffällige Verhaltensweise aufgeführt: das Breitsei-

a

b

Abb. 46: a) Eine kleine Leiter,
b) ein Wandbrett als »Sportgerät«. Bietet man nichts dergleichen, geht's auf Kosten von Möbeln und Vorhängen.

Abb. 47: Junge Katzen raufen gern, wobei eine die Rolle des Angreifers, die andere die des Verteidigers spielt. Die Rollenverteilung kann sich von einem Augenblick zum nächsten umkehren.

tendrohen, bei dem die Katze dem »Feind«, der Mitkatze oder der gespreizten Hand, eine Flanke zuwendet und bei gesträubten Rücken- und Schwanzhaaren einen Buckel macht (Jungkatzen hüpfen dabei öfter in einem sehr kurzen, steifbeinigen Galopp zur Seite). Beim Raufen und Verfolgen klären junge Katzen auf spielerische Weise ihre Rangordnungsverhältnisse untereinander.

Viele Stubenkatzen haben an solchen Raufspielen großes Vergnügen, andere lehnen sie ab. Hat man einen »Katzenrambo« in der Wohnung, so achte man darauf, daß die Spiele nicht in Grobheiten ausarten. Ungefüge Griffe des Menschen schüchtern die Katze ein; man soll aber auch keine allzu schlimmen Kratzbürstigkeiten ihrerseits dulden, sonst ist sie bald zu einem ausgemachten Grobian »erzogen«. Bei temperamentvollen Katern ist das besonders schnell geschehen; solche Tiere kann man dann kaum mehr anfassen, ohne daß sie einen »nur so zum Spaß« zerkratzen. Dabei ist es gar nicht so schwer, einer Katze beizubringen, wie dünn die menschliche Haut ist; Sie können es ebenso lernen wie Tiger und Leoparden.

Machen sich Krallen und Zähne unangenehm bemerkbar, kann man laut »Au!« schreien und das Spiel unverzüglich abbrechen. Den bereits geschilderten Luftstoß in ihr Gesicht (Anblasen) versteht die Katze besonders gut, entspricht es doch dem abwehrenden Fauchen in ihrer eigenen Sprache!

Wenn die Katze unmißverständlich ankündigt, daß sie jetzt genug hat, so ist es ratsam, sofort mit dem Spiel aufzuhören. Will sie fortspringen, lasse man ihr unbedingt ihren Willen. Vor allem das gewaltsame Festhalten löst bei der Katze Panik und damit unkontrollierbare Abwehrhandlungen aus. Schmerzhafte Bisse und Schrammen und später vielleicht auch böse Infektionen sind die Folge.

Häusliche Erziehung

Nun noch ein Wort zur Erziehung: Ganz ohne Verbote verarmt das Verhaltensrepertoire der Wohnungskatze. Die »non-frustration-cat« ist ein sehr unglückliches Wesen, das haben wir am Beispiel der armen Potiphar gesehen; eine Erziehung ganz ohne Strafe, von der man in vielen Katzenbüchern lesen kann, geht ebensowenig. Einer Katze nach der Art der Hundedressur »Manieren« beibringen zu wollen, ist natürlich unsinnig und auch zwecklos. Anders als das Rudeltier Hund kennt die Katze keinen »Leitwolf« und folglich auch keine Unterordnung in einer strengen Hierarchie. Ihr deswegen aber Unerziehbarkeit nachzusagen, ist auch wieder falsch. Jede Katze läßt sich für immer davon kurieren, auf den Tisch zu springen oder zu stehlen, man muß es nur richtig anfangen.

Mit zu großer Nachgiebigkeit kann man allerdings selten etwas erreichen. Auch Schelte und Schläge sind kein Mittel, eine Katze zu erziehen. Die Zuneigung der Katze zum Menschen würde sehr bald leiden, und schließlich hat man ein Tier, das scheu, ängstlich und aggressiv zugleich ist, ein Tier, das für ein Zusammenleben mit dem Menschen verdorben ist.

Eine einzige Ausnahme sei hier angeführt: Es ist auch in der Wohnung nicht immer möglich, seinen Liebling von jeder Gefahr einfach fernzuhalten. Einer spielenden Katze, die dabei ist, sich in ein Elektrokabel zu verbeißen, oder die an einem Christbaum mit brennenden Kerzen hochspringt, muß man *sehr* schnell und gründlich beibringen, daß dies kein Spaß, sondern bitterer Ernst ist. Dann und *nur* dann ist ein derber Nasenstüber, wie sie ihn von ihrer Mutter kennt, angebracht. Die Katze ist im allgemeinen nicht so dumm, daß sie nicht begreift, weswegen sie bestraft worden ist. Nimmt man sie dann auf den Schoß und tröstet sie, »weiß« sie ganz genau, daß der Klaps nicht ihr, sondern ihrer Handlung gegolten hat.

Dies ist aber, wie bereits gesagt, eine Ausnahme. Im großen und ganzen erreicht man bei der Katze am meisten, wenn man ihr mit sanftem Nachdruck, vielen guten Worten und auch einigen scharfen »Au!«, »Nein!«, »Sssst«, »Saukater, elender!« (der Ton macht die Musik), mit Liebe, Wiederholungen und Belohnungen die Gesetze der Wohnung klarmacht. Genügt ein strenges Wort nicht, hilft ein *leichter* Klaps mit zwei Fingern auf das Näschen. Ähnliches hat die Katze von ihrer Mutter erlebt, deshalb kann sie diese Sprache leicht verstehen. Bei hartnäckigem Ungehorsam kann man zur Spritzpistole, zum Blasrohr oder, in äußersten Fällen, zum Katzen-Fernhaltespray (bitte damit niemals die Katze ansprühen!) greifen.

Ein ein- oder zweisilbiger Name, dessen Aussprache an den Katzen-Lock- und -begrüßungslaut »Murrrr« anklingt, kann bei mancher Katze einen »Appell« erzeugen, der jeden Hundebesitzer vor Neid erblassen läßt. Sie lernt ihren Namen am schnellsten im Zusammenhang mit der Fütterung. Stellt Miez aber etwas Verbotenes an, sollte man den Schurken besser *nicht* bei dessen Namen rufen. Da ist ein Schimpfwort geeigneter, denn das verbindet sich eher mit der Untat als mit der »Person« der Katze.

Das glückliche Kätzchen, das mindestens drei bis vier Monate bei der Mutter und seinen Geschwistern zubringen durfte, hat kaum Erziehung nötig. Mit autoritärer Strenge, einschließlich vieler kräftiger Backpfeifen, hat die Katzenmama ihm alles beigebracht, was es zu einer guten Kinderstube nötig hat. Schon sehr früh lernt es, stubenrein zu sein. Es kann natürlich vorkommen, daß ein neu aufgenommenes Kätzchen in seiner Verwirrung ein falsches Örtchen wählt. Dann muß man es nur aufheben und sanft auf die richtige, bessere Möglichkeit hinweisen, um ein für immer sauberes Tier zu haben. Ist die Katzenmutter wohl erzogen, weiß auch bald das Kleine, daß es nicht naschen, überall die Krallen wetzen usw. darf. Katzen, die lange bei der Mutter bleiben durften, lernen später leichter, sich den Geboten ihres Menschen zu fügen und sind zuver-

Abb. 48: Glücklich das Kätzchen (und sein Mensch!), das länger als die üblichen sechs Wochen bei Mutter und Geschwistern aufwachsen darf.

lässiger in deren Einhaltung. Sie haben ja beizeiten erfahren, was Autorität bedeutet! Darüber hinaus sind solche Katzen weniger ängstlich, geschickter im Spiel und psychisch stabiler. Der Mensch als Spielpartner einer Jungkatze mag noch so eifrig sein – die Ausdauer und den Bewegungsreichtum von drei bis vier quirligen Katzengeschwisterchen wird er nie aufbringen.

Leider ist die Meinung nicht auszurotten, daß ein Kätzchen mit sechs Wochen alt genug sei, um von Mutter und Geschwistern weggerissen zu werden. Es sind aber eben immer wieder solche Katzenwaisen, die später zu den absonderlichsten »Wohnungsneurosen« neigen. Das ist nicht weiter erstaunlich, denn selbst der beste Katzenkenner kann nicht die Nestwärme, die mütterliche Liebe und Strenge ersetzen. Noch etwas sei hier zum Thema »Katzenwaisen« gesagt: Ein Sechswochenkätzchen bleibt zeitlebens anfälliger gegen Infektionskrankheiten, und es stirbt leichter daran. Wer also ernstlich von sich behaupten will, daß er Katzen liebt, sehe davon ab, ein Jungtier zu früh von seiner Familie zu trennen, und sei es noch so »niedlich« oder »süß«!

Der Speisezettel der Stubenkatze

Bei der Fütterung werden besonders häufig Fehler gemacht, nicht nur beim »Was«, sondern auch beim »Wie«. Es ist aber auch zu verwirrend: Futtermittelhersteller, »Katzentanten«, Züchter, die Hausfrau von nebenan, alle geben sie gute Ratschläge, nur sind diese verschieden, zum Teil sogar widersprüchlich.

Bei guten Mausekatzen ist das Ganze nicht so tragisch: Wenn ihnen das Futterangebot nicht paßt, gehen sie und fangen sich etwas. Raffinierte Stubenkatzen geben sich mäkelig, verweigern die Nahrungsaufnahme, jammern kläglich herum und benehmen sich auch sonst garstig. Manche von ihnen sind so ausdauernde Hungerkünstler, daß schließlich sogar den vernünftigsten Katzenliebhaber die Nerven verlassen und er das verschmähte Futter durch einen begehrten Leckerbissen ersetzt – und schon hat die Katze gewonnen, freilich nicht immer zu ihrem eigenen Besten. Sie hat aber vielleicht wieder einmal einen Weg gefunden, ihren Menschen nach Herzenslust zu tyrannisieren – für die gelangweilte Stubenkatze der schönste und leider oft auch der einzige Sport. Mit dem allen Katzen eigenen Starrsinn verschmäht sie fortan jedes andere Essen. Der Geschmack eines solchen »Suppenkaspars« ist meist nicht nur teuer, sondern auch einseitig; Mangelerkrankungen sind fast immer die Folge.

Wer glaubt, sich bei der Ernährung seiner Katze auf deren »Instinkt« verlassen zu können, wird unter Umständen böse Überraschungen erleben. Anders als die allesfressende Ratte, die sehr schnell lernen muß, was sie von der Vielfalt des Angebots an Eßbarem vertragen kann und was nicht, »weiß« die Nahrungsspezialistin Katze oft nicht, was ihr bekommt. Sie wird nie lernen, daß es z. B. die herrliche Schlagsahne ist, von der ihr immer so schlecht wird. Sie wird zwanzigmal mit unverminderter Begeisterung davon naschen und ebenso zwanzigmal alles wieder erbrechen. Dieses Beispiel ist verhältnismäßig harmlos; im Falle des Verzehrs giftiger Zimmerpflanzen können Krankheit und Tod die Folge sein. Eine Katze kann auch nicht erkennen, von welchem Nahrungsbestandteil sie zuviel oder zuwenig bekommt. Wer aber falsch ißt, wird krank. Hartnäckige »Leberfreaks« haben die Nachgiebigkeit ihrer Betreuer schon mit bleibenden Verkrüppelungen bezahlt.

Fast jede Katze entwickelt Abneigungen und Vorlieben. Den Abneigungen, umfassen sie nicht zu vieles, kann man ruhig tolerant gegenüberstehen; ausgesprochenen Vorlieben sollte man nicht zu häufig willfahren.

Nun habe auch ich einiges aufzuzählen, was unsere Stubenkatze alles zu essen bekommen soll oder darf: Als Grundlage kann dienen, was die Futtermittelindustrie als qualitativ hochwertige Katzen-Fertignahrung anzubieten hat. Sie enthält alle wesentlichen Nährstoffe, Mineralien, Spurenelemente und Vitamine, die die Katze benötigt. Vor allem die Ernährung heranwachsender Katzen wird damit sehr erleichtert. Trotz all dieser Vorteile – das bloße Verabreichen von Büchsen- und Trockenfutter, sei es auch noch so »vollwertig«, reicht nicht aus. Die Katze beansprucht nämlich ihre Zähne viel zuwenig, und außerdem bekommt sie es auch hier mit dem größten Problem des Wohnungsdaseins zu tun: der Langeweile.

Also: Glückliche Stubenkatzen bekommen abwechslungsreiche Kost. Muskelfleisch, Herz, Innereien, Geflügelteile (mit Knochen!) sollten ebenso regelmäßig auf dem Speisezettel stehen wie kleinere (!) Mengen von Nudeln, Kartoffelbrei oder Reis, denn Hauskatzen sind keine reinen Fleischfresser mehr wie ihre wilden Stammverwandten.

Frische Kuhmilch ist nicht für jede Katze gleich bekömmlich. Manche bekommen einen verschleimten Magen und Durchfall davon; wenn, so sollte man sie ihr nur selten und in jedem Fall nie zu oft und reichlich vorsetzen. Verdünnte Kondensmilch wird meist gut vertragen und schmeckt fast allen Katzen. Für erwachsene Katzen ist das beste Getränk Wasser (*kein* Wasser aus der Regentonne). Katzen trinken auch schon mal gern aus ungewöhnlichen Gefäßen. Man sollte deshalb keine vollen Gießkannen, deren Inhalt irgendein Blumendünger beigemischt ist, herumstehen lassen. Ein Blumentopf mit frischem Gras ist für das Wohlbefinden der Stubenkatze unerläßlich. Sie braucht es nicht nur zum Erbrechen von Haaren und anderen unbekömmlichen Dingen. Katzen, die das Gras ganz

Abb. 49: Gras ist wichtiger Ernährungszusatz, wobei es vor allem auf die Spitzen ankommt.

entbehren müssen, sehen gesundheitlich »nicht ganz auf der Höhe« aus; ihr Fell ist glanzlos und ein wenig straub.

Katzen können außer Schwein jedes Fleisch roh bekommen (nicht direkt aus dem Kühlschrank), sie *sollen* sogar mindestens ein Drittel ihres Nahrungsbedarfes mit frischem rohem Fleisch decken. Eintagsküken, die in allen großen Geflügelzüchtereien aussortiert werden, geben ein ausgezeichnetes Katzenfutter ab.

Ängstliche Naturen schneiden ihrer Mieze alles in kleine Bröckchen. Sie haben irgendwo gehört, daß Katzen sich an großen Futterstücken verschlucken und dabei ersticken können. Sich beim Nasebohren den Finger zu brechen ist ungefähr ebenso wahrscheinlich. Mäuse und Ratten werfen sich der Katze ja auch nicht kleingeschnitten vor die Füße! Je nach Appetit sind also maus- bis rattengroße Fleischstücke die beste Katzenkost. Sie halten die Katze eine ganze Weile lang beschäftigt und bereiten ihr sichtlich mehr Vergnügen als das gelangweilte Hinunterschlucken stark zerkleinerter oder weichlicher Nahrung. Davon abgesehen führt falsche Ernährung mit zuviel Weichfutter zu vermehrter Zahnsteinbildung, in der Folge dann zu Zahnfleischentzündungen und schließlich Zahnverlusten.

Selbst ganz junge Kätzchen nagen gern an einem zähen Fleischstück herum. Sie können zwar kaum etwas davon abbeißen, aber es stärkt Kaumuskulatur und Kieferknochen, was für eine gute Zahnbildung unerläßlich ist. Etwa von der dritten Woche an sollte man deshalb damit beginnen, Fleischbrocken vorzusetzen. Ähnliches gilt für die schwierige Periode des Zahnwechsels zwischen dem fünften und siebten Lebensmonat: Es gehört zu den schweren Ernährungsfehlern, der Katze in diesem Lebensabschnitt nur Weichfutter zu geben. Genauso verkehrt ist es natürlich, ihr nur harte und zähe Dinge zukommen zu lassen; das könnte zu Unterernährung führen. Für das junge Stubenkätzchen ist daher folgendes Rezept ideal: erst etwas Zähes zum darauf herumkauen vorsetzen, dann eine ordentliche Portion breiiges Essen nachreichen.

Es sei nicht verschwiegen, daß die Fütterung mit großen und manchmal auch zähen Brocken auch einen Nachteil hat: Sie beschleunigt den Zahnverschleiß. Sehr alte Tiere können feste Nahrung nicht mehr zerkleinern. Man muß dann doch tun, wovon eben so entschieden abgeraten wurde: Weichfutter und Gehacktes geben. Aber bitte wirklich erst, wenn's nötig ist. Es gibt kaufaule Katzen, die schnell herausfinden, wie sie ihrem Menschen vorspielen können, wie schwer es ihnen doch fällt, ordentlich zu essen! Es wird immer wieder empfohlen, der Katze tagsüber eine Portion Trockenfutter hinzustellen, sozusagen für den Hunger zwischendurch. Für die Freilandkatze mag das ja angehen, sie hat mehr Bewegung und deshalb weder an Appetitmangel noch an Fettleibigkeit zu leiden; für die Stubenkatze ist der Rat in mehrerer Hinsicht falsch. Es fängt schon damit an, daß man eine Katze, die sich jederzeit den Bauch vollschlagen kann, kaum mehr aus »pädagogischen« Gründen belohnen kann. Dagegen ist die Gefahr groß, einen heiklen Esser heranzuziehen. Weil die Katze nicht recht bei Appetit scheint und vom angebotenen Futter nichts oder nur wenig nimmt, bietet man ihr einen Leckerbissen nach dem anderen, und schon hat man einen heiklen Fratzen im Hause.

Für die ausgewachsene Katze sind zwei Mahlzeiten pro Tag ausreichend, eine dritte schadet gewiß nicht. Bei Jungkatzen ist das anders: Sie haben einen kleinen Magen und einen hohen Energiebedarf. Ein drei Monate altes Kätzchen sollte mindestens fünfmal am Tag gefüttert werden. Viele wohlmeinende Katzenfreunde machen den Fehler, die Katze nie hungrig werden zu lassen; damit aber nehmen sie ihr die elementare Freude am Essen. Nicht bei jeder Mahlzeit braucht man so viel zu geben, daß etwas übrigbleibt. Reste sollten auch nicht regelmäßig zur weiteren Verfügung stehen. Hunger ist auch bei Katzen der beste Koch.

Durch bloßes Abwarten kann man außerdem einer hervorstechenden Wesensart der Katze entgegenkommen – ihrem Eigensinn. Die Katze soll kommen können und ihre Mahlzeit verlangen, wenn *sie* will. Ein kleines Ritual (kleine Dressurakte wie »Männchen machen«, auf einen bestimmten Stuhl springen, mit der Pfote auf das gewünschte Futter zeigen etc.) macht der Katze und dem Menschen Vergnügen. Das Ganze hat nur ein Ziel: Der Stubenkatze die Mahlzeit interessant zu machen. Die meisten Katzen haben Spaß am Betteln und Schmeicheln. Oft ist das ausgiebige Werben um eine Mahlzeit schöner als ihr Verzehr. Selbst hungrige Katzen reagieren gern erst ihr Zärtlichkeitsbedürfnis ab, bevor sie mit dem Essen beginnen.

Dies alles entbehrt die bedauernswerte Katze, die den ganzen Tag über mit Futter vollgestopft wird, welches sie eigentlich gar nicht haben möchte. Sie kann darauf, je nach Veranlagung und Charakter, auf zwei Arten reagieren: Sie verweigert und wird bald rappelmager, oder sie fügt sich und setzt mit der Zeit so viel Fett an, daß sie den Bauch auf dem Boden nachzieht. Beides aber wird ihre Lebenserwartung erheblich kürzen.

Noch eine Bemerkung zur Fütterung vom Tisch:

Das ist natürlich Geschmackssache, grundsätzlich ist dagegen nichts einzuwenden. Besonders in der engen Gemeinschaft zwischen Mensch und Katze in den Schranken der Wohnung ist es fast nicht zu vermeiden, Miez hin und wieder ein Häppchen zukommen zu lassen. Die Katze freut sich über die Zuwendung, und etwas Eidotter oder Hühnchen ist sogar ganz gut für sie. Empfindet man die Bettelei als unzumutbare Belästigung, sollte man nur Katzen im Eßzimmer zulassen, denen man in der Jugend die Fütterung vom Tisch verweigert hat. Sie benehmen sich besser und nehmen die Leckerbissen mit »gnädiger« Zurückhaltung an.

Ein Kamerad für die Stubenkatze

Die meisten Katzenarten gelten als ungesellige Reviertiere, die nur kurzzeitig zur Paarung zusammenfinden und deren Junge von der »alleinerziehenden« Mutter vertrieben werden, sobald sie für sich selbst sorgen können.

Neuere Forschungen an wilden Katzenarten wie auch an unserer Hauskatze haben nun erhebliche Zweifel an der Vorstellung vom »Einzelgänger Katze« entstehen lassen. Es gibt zahlreiche Hinweise auf gesellige Verhaltensweisen bei vielen Katzenarten, nicht nur beim Löwen. Durch die heimliche Lebensweise der Katzen ist es aber oft schwierig und zeitraubend, sie bei ihren Zusammentreffen zu beobachten (s. S. 17).

Auch von der wilden Stammform unserer Hauskatze, der Falbkatze, wissen wir aus diesem Grunde diesbezüglich recht wenig. Dabei ist deren Sozialverhalten von besonderem Interesse, denn ihr zahmer Nachfahre ist wohl das einzige Haustier, das nicht vom Menschen schon sehr frühzeitig eingefangen, gezüchtet und so domestiziert worden ist. Vielmehr hat sich die Katze freiwillig dem Menschen angeschlossen, sich aber stets ihre Unabhängigkeit zu wahren gewußt. Dadurch war die Katze als einziges Haustier imstande, vielfältige und komplexe Gesellschaftsformen zu entwickeln, die weit über die der wilden Stammform hinausgehen, während bei allen anderen Haustieren eine Vereinfachung des natürlichen Sozialverhaltens stattfand. Ein ähnliches »Kunststück«, nämlich aus der Selbstdomestikation reiche Gesellschaftsstrukturen wachsen zu lassen, ist wohl sonst nur noch uns Menschen gelungen. Wie stark aber die Sozialordnungen freilebender Falbkatzen in deren unterschiedlichen Verbreitungsgebieten tatsächlich voneinander abweichen, werden wir erst nach sehr langwierigen Untersuchungen klären können. Einige Formen »gesellschaftlichen« Zusammenlebens und manche Ausdrucksweisen verschiedener anderer Katzenarten dazu sind uns aber bereits bekannt. Der kleine Ausflug in die Wildtierbiologie hat einen besonderen Grund: Die Beobachtungen in der freien Wildbahn sind besonders zuverlässig, weil wir hier das ursprüngliche, unverfälschte Verhalten von Tieren erleben können, die kaum oder gar nicht durch Menschen beeinflußt sind. Da viele Verhaltensweisen bei mehreren oder sämtlichen Katzenarten vorkommen, können die im folgenden geschilderten Beispiele wilder Katzen durchaus auch eine Stubenkatze betreffen.

Junge Geparden bleiben bei der Mutter, obwohl bereits der nächste Wurf da ist und sie selbständig überleben könnten; erwachsene Männchen schließen sich manchmal zu kleinen Gruppen von etwa drei bis fünf Tieren zusammen.

Bei einigen Katzenarten (Tiger, Leopard, Wildkatze etc.) umschließen die Reviere der Männchen mehrere Weibchen-Reviere. Die Männchen besuchen die Weibchen regelmäßig, und zwar auch außerhalb der Paarungszeit.

Die männlichen Tiere einiger Katzenarten – Rotluchs, Leopard, Fischkatze – beteiligen sich zumindest gelegentlich an der Aufzucht der Jungen. Sie besorgen Nahrung und verteidigen die Familie gegen Konkurrenten und Freßfeinde. Auch im Zoo kann man gelegentlich Kater mit »Familiensinn« beobachten.

Von Hauskatzen kennt man die »Bruderschaft der Kater«; sie ist ein lockerer Verband mehrerer Kater mit einer absoluten sozialen Hierarchie. Junge Kater werden nach zahlreichen Kämpfen um die Rangordnung aufgenommen. Von Geparden kennt man Vergleichbares. Zum »geselligen Beisammensein« treffen sich einige Hauskater und -katzen abends und nachts oft stundenlang in der Nähe ihrer Reviere. Es hat nichts mit der Paarungszeit zu tun und ist friedlich, sogar freundschaftlich. Ähnliches Verhalten kennen wir vom Tiger, und es ist nicht ausgeschlossen, daß auch Leoparden und Luchse solche Versammlungen abhalten.

Katzen können sich durch Körperhaltung und Mimik miteinander verständigen. Bei fast allen Katzenarten sind die zur Mitteilung von Stimmungen und zur sozialen Kontaktaufnahme besonders wichtigen Körperteile (Augenumgebung, Ohren, Schwanzspitze) durch auffällige Abzeichen betont. Ein Grund hierfür mag sein, daß die meisten Katzenarten dämmerungs- und nachtaktiv sind, noch dazu oft in Busch oder Wald umherstreifen. Die Signale sollen dennoch gut erkennbar sein. Bei tagaktiven Savannentieren spielt wohl die Erkennbarkeit auf größere Entfernung eine Rolle. Für die Katzen ist jeder revierfremde Artgenosse ein möglicher Feind. Hier muß die Verständigung klar und eindeutig sein und auch schon auf größere Entfernungen wirken, sonst könnte es allzuleicht geschehen, daß man in einen (oft nicht ungefährlichen) Kampf verwickelt wird, obwohl man »es gar nicht so gemeint« hat.

Alle Katzenarten besitzen deshalb auch spezielle Verhaltensweisen zur Aufnahme von Kontakten, der Unterdrückung bzw. Vermeidung von Aggressionen und der Festigung sozialer Bindungen; als wichtigste können gelten:

»Umherschauen« und »Blinzeln«, die einen Artgenossen schon

beschwichtigen können, bevor er in gefährliche Nähe gerückt ist, Begrüßungslaute, »Nasenzeremonie« und »Nasenbegrüßung« zum näheren Kennenlernen und schließlich Kopfreiben, Markieren des Partners und soziale Fellpflege, die die Bindung miteinander vertrauter Tiere bestätigen und vertiefen sollen.

Die Beispiele sollten erläutern, daß auch solitäre Katzen zumindest *gelegentlich* miteinander freundschaftlichen Kontakt aufnehmen können, daß sie sogar ausgesprochen soziale Bedürfnisse haben. Das soll nun aber nicht heißen, daß Katzen gesellige Tiere sind. Sie sind keineswegs ohne weiteres bereit, Freundschaften mit ihren Artgenossen zu schließen. Bekommen sie von ihrem menschlichen Hausgenossen genügend Zuwendung, fühlen sich die meisten Katzen am wohlsten, wenn sie diese nicht teilen müssen. Allenfalls, wenn die Katze den ganzen Tag allein in der Wohnung verbringen muß, sollte man sich die Anschaffung eines zweiten Tieres überlegen. Das darf dann aber nicht heißen, man brauche sich um das seelische Wohl seiner Pfleglinge nicht mehr so sehr zu kümmern!

Zu mehreren gehaltene Katzen können nämlich ihre sozialen Bedürfnisse nur sehr unvollkommen aneinander abreagieren. Sie benötigen dazu den Menschen, zu dem eine viel engere und freundschaftlichere Beziehung möglich ist, und dafür gibt es sogar einen sichtbaren Beweis: Nur ein regelmäßig von Menschenhand gestreicheltes Katzenfell wirkt glatt und gepflegt. Hingegen weiß jeder, der einmal streunende Hauskatzen beobachtet hat, wie schäbig diese trotz bester Fütterung (das kommt vor!) aussehen.

Woher kommt dieses zunächst schwer erklärliche Anschlußbedürfnis selbst wilder Katzen an den Menschen? In der freien Wildbahn duldet die Katze doch schließlich auch keinen Menschen in ihrer Nähe. Freilich ist dort der Überlebenskampf mitunter sehr hart. Wenn bei freilebenden Katzen die Familienbindung aufhört, werden die kindlichen Triebhandlungen durch andere des erwachsenen Tieres (Revierverteidigung, Abwehr, Rivalität) unterdrückt. Die Stimmungsreste kindlicher Triebhandlungen, die für Anhänglichkeit, Zärtlichkeitsverlangen usw. verantwortlich sind, kommen »nicht zum Zuge« (außer vielleicht in der kurzen Paarungszeit), sind aber noch da, bei Hauskatzen oft in erheblichem Maße, da als Folge der Haustierwerdung die Tiere jugendliche Verhaltensweisen nicht so weit zurückbilden wie die wilden Verwandten.

Der Mensch ist für die Katze so viel Artgenosse, daß er alles das bieten kann, was wohl auch Katzen zueinander zieht, aber zu wenig, um die spezifischen Reaktionen wie Abwehr, Angriff, Rivalität auszulösen. Daher kann er mit etwas Einfühlungsvermögen, auch durch Füttern und Streicheln, beides mütterliche Verhaltensweisen, die Katze wieder Kind sein lassen. So kommt es zwischen Mensch und Katze zu echten, dauerhaften Freundschaften, wie es sie unter Katzen nur äußerst selten gibt.

Es hat aber schon etwas für sich, Stubenkatzen zu zweit zu halten, immer vorausgesetzt, daß sie auch miteinander harmonieren. So froh mancher Mensch über die rührende Anhänglichkeit seiner Katze sein mag, ist er doch oft als ihre einzige Gesellschaft und beinahe einziger Lebensinhalt überfordert. Weder kann er sich den ganzen lieben Tag um sie kümmern, noch ist es ihm im allgemeinen möglich, ihr all die Freuden und Abwechslungen des freien Auslaufes zu bieten, eben *weil* er sie vor dessen Gefahren schützen will. So ist für die wohlbehütete Stadtmieze eine Mitkatze die einzige Gelegenheit, einen Freund, Revier«nachbarn«, Rivalen, kurz: ein Stück Natur, das sonst nur für freie Katzen selbstverständlich ist, kennenzulernen. In Gesellschaft von ihresgleichen ist das Leben der Katze in der tagsüber verlassenen Stadtwohnung sehr viel unterhaltsamer. Die beiden werden sich mit Spielen, gegenseitiger Fellpflege, gelegentlich einer wilden Rauferei die Wartezeit auf den Menschen verkürzen. In der Gesellschaft eines Kameraden ißt die Stubenkatze meist auch mehr und mit mehr Lust. Zwar kommt bei Katzen der Futterneid, wie man ihn von Hunden kennt, nur selten vor, dennoch regt die Gemeinschaft am Futternapf den Appetit an, und was die eine ablehnt, schmeckt vielleicht der anderen, was wiederum die erste anregen mag, doch einmal davon zu kosten. Das Zuschauen bei fröhlichen Katzbalgereien schließlich bereitet dem Menschen mehr Vergnügen als die Betrachtung eines gelangweilten Einzeltieres. Eine zweite Katze kann also eine Bereicherung sein. Nur – die Katzenharmonie ist beileibe keine Selbstverständlichkeit.

Wer sich dazu entschließt, mehr als eine Katze in seine Wohnung aufzunehmen, möge erst folgende »Spielregeln« durchlesen, bevor er sich darauf einläßt. Aber selbst das wird ihm ein gewisses Risiko nicht ersparen. Wir können nämlich Spielregeln aufstellen, wie wir wollen; ob sich die Katze daran hält, bleibt ihrem guten Willen vorbehalten. Sie hat eine viel zu hoch entwickelte Intelligenz und eine zu komplizierte Abstammungsgeschichte, um in ihrem Wesen leicht berechenbar zu sein.

Unsere Hauskatzen stammen zwar alle ausschließlich von der Falbkatze ab, aber diese hat sehr vielfältige Verwandtschaftsbeziehungen zu den anderen Katzenarten. Man muß das so verstehen: Die Familie der *Felidae* ist nicht einfach ein Zweig des Stammbaumes, der sich in den einzelnen Gattungen und Arten weiterverzweigt, sondern sie ist gewissermaßen als Büschel vom Stamm gewachsen. Alle Katzen sind daher auch verhaltensmäßig eng miteinander verwandt. Aus diesem Grunde ist die Kenntnis des Verhaltens z. B. des Löwen durchaus relevant für das Verständnis der Hauskatze – und umgekehrt. Das Verhaltensrepertoire jeder Katzenart ist größer als das, was die Katzen im Einzelfall zeigen. Also ist alles, was ich hier als Spielregel aufliste, *cum grano salis* zu verstehen.

Wurfgeschwister, die am häufigsten beieinander liegen und miteinander spielen, haben die besten Voraussetzungen, ein unzertrennliches Paar zu werden. Es ist aber auch später möglich, einem Einzeltier einen jungen Kameraden zuzugesellen. Ein Jungtier ist nämlich anpassungsfähiger und noch bereit, die angestammten Vorrechte des Älteren zu respektieren. Auch spricht ein kleines Kätzchen den Brutpflegetrieb an – selbst beim Kater! Wenn so etwas geschieht, kann das die zärtlichsten, dauerhaftesten Katzenfreundschaften ergeben.

Die Frage, welches Geschlecht sich besser zur Gemeinschaftshaltung eignet, ist nicht so einfach wie die des besten Alters zu beantworten: Beide Geschlechter haben ihre verträglichen und unverträglichen Seiten. Weibchen neigen eher dazu, ihr angestammtes Revier wütend zu verteidigen; bei Katern steht der Kampf um den höheren Rang im Vordergrund, woran allerdings die Kastration einiges ändern kann. Nach meiner persönlichen Erfahrung sind Kater eher als Katzen dazu bereit, miteinander Freundschaft zu schließen. Das hängt wohl mit der Neigung freilebender Kater zusammen, die oben erwähnte »Bruderschaft« einzugehen. Tobende Kater, sei es aus Spaß oder im Ernst, können allerdings eine ordentlich aufgeräumte Wohnung im Handumdrehen in ein Schlachtfeld verwandeln! Im allgemeinen hat man wohl die wenigsten Probleme, wenn man Katze und Kater kombiniert.

a

b

Bei zwei ausgewachsenen Tieren ist die Zusammengewöhnung schon schwieriger, aber mit etwas Einfühlungsvermögen des Menschen geht es *manchmal* gut. Es ist sicher hilfreich, wenn die Tiere in Paarungsstimmung sind, denn das kann die Abwehr durchbrechen. Sind die Schranken zwischen den Tieren so erst einmal abgebaut und deren kindliches Anschlußbedürfnis kommt durch, kann man die Tiere gut zusammen halten, auch außerhalb der Paarungszeit oder nach der Kastration.

Welche Katzen man auch immer wählt, das Zusammengewöhnen einer »alteingesessenen« Katze mit einem Nachkömmling darf man sich nicht zu einfach vorstellen. In fast allen Fällen bedarf es der behutsamen Vermittlung durch die vertraute Person, sonst kann das Ergebnis enttäuschend sein. Man sollte in Erwägung ziehen, für die erste Zeit Urlaub zu nehmen, mindestens eine Woche

c

d

Abb. 50: Diese Wurfgeschwister essen friedlich miteinander.
a) Im ersten Hunger stecken beide gleichzeitig die Köpfe in den Napf. Der dominante Kater mit seinem dicken Kopf kommt besser an den Inhalt.
b) Er pausiert und überläßt der Schwester den Napf allein,
c, d) so wechseln beide mehrfach miteinander ab.

lang. Nur so ist es möglich, der alten Katze genügend Aufmerksamkeit zu schenken, damit sie gar nicht erst auf die Idee kommt, unter der neuen »Konkurrenz« zu leiden. Es versteht sich fast von selbst, daß bei Stubenkatzen besonders viel Sorgfalt vonnöten ist; verfeindete Freilandkatzen können einander aus dem Wege gehen; in den eingeschränkten Platzverhältnissen der Wohnung ist dies kaum möglich.

Abb. 51: Ein halbwüchsiger Kater und eine zehn Wochen alte Katze (nicht verwandt, obwohl beide schwarz!) raufen im Grenzbereich zwischen Spiel und Ernst. Die jüngere Katze ist ängstlich und daher rauher in ihrer Abwehr.

Gibt es anfangs zuviel Streit, ist es das beste, die Tiere voneinander getrennt zu halten. Das neue Tier hat dann Zeit, sich in aller Ruhe mit der noch ungewohnten Umgebung vertraut zu machen. Sein Fell wird den vertrauten »Hausgeruch« annehmen; es hilft, wenn auf dem Schlafplatz benützte Leibwäsche oder ein viel getragener, weicher Pullover liegt. Man kann den Neuling auch behutsam damit abreiben. Das Betupfen mit Parfüm o. ä., von dem man manchmal liest, ist keine so gute Idee. Meistens mögen die Katzen den künstlichen Geruch nicht.

Zumindest für den Anfang ist es nicht schlecht, den Katzen außer getrennten Ruheplätzen auch getrennte Kistchen und Futterwinkel anzubieten. Ist die Freundschaft erst einmal geschlossen, kann man wieder darauf verzichten. Die Katzen werden sich alles meist großzügig teilen.

Hat sich die erste Abwehrstimmung (Fauchen, Grollen, Pfotenhiebe) einigermaßen gelegt, hat die neue Katze ihren Menschen liebgewonnen und sich schon einige Male freiwillig auf dessen Schoß gelegt, so kann man damit beginnen, beide dorthin zu locken. Es geschieht nicht selten, daß auch üblicherweise völlig zerstrittene Katzen auf dem begehrten Platz auf oder neben dem Menschen friedlich zusammenfinden.

In der Eingewöhnungszeit ist es besonders wichtig, viel mit den Katzen zu spielen. Man beginnt mit einer Katze und bezieht erst nach einer Weile die zweite ein. Am besten hierfür geeignet sind die schnellen Rennspiele; die Katzen werden so kaum Zeit haben, einander um das Spielobjekt zu beneiden.

Den Rat, sich grundsätzlich nicht in feindselige Rangeleien einzumischen, halte ich für falsch. Jeder, der eine Verschlechterung der Stimmung unter den Katzen zu erkennen imstande ist, sollte versuchen zu schlichten. Man kann oft vermitteln und die Tiere mit Spiel, Streicheln oder Leckerbissen ablenken, aber nur, wenn der Streit nicht zu häufig stattfindet, sonst findet ein unerwünschter Dressureffekt statt; die Katzen lernen, miteinander zu raufen, *damit* sie die Leckerbissen usw. erhalten. In extremen Fällen sollte man die Tiere rechtzeitig für eine Weile trennen, ehe das schwächere Tier ganz verschüchtert wird. Es ist leider nie ganz auszuschließen, daß die Zusammengewöhnung trotz aller Erfahrung, Geduld und Liebe seitens des Menschen scheitert. Katzen verteilen ihre Zuneigung sehr individuell. So kommt es nicht selten vor, daß eine Katze, die ihrer ersten Mitkatze in enger Freundschaft verbunden war, die zweite, ihr nach dem Tode der ersten zugesellte Partnerin nur mit Grimm duldet oder gar glühend haßt. Auch von Zootigern ist ähnliches bekannt; das kann bis zur Ermordung des verhaßten Partners führen.

Der Grund dafür liegt in einem Verhalten, das kaum jemand einem Tier zutraut: Es gibt nämlich wirklich so etwas wie anhaltende Trauer um einen verlorenen Freund und damit eine längere Periode (die kann länger als ein Jahr dauern!), in der die Katze *jeden* neuen Partner zurückweist. Es ist also ganz falsch, zu meinen, man müsse nach dem Tode der zweiten Katze möglichst schnell für Ersatz sorgen.

Greift die alte Katze die neue konsequent an, sitzt diese nur noch zitternd an möglichst unerreichbaren Stellen und kreischt, sobald sie die Überlegene auch nur in ihr Blickfeld bekommt, dann hilft nur eines: Zurück mit dem Neuling oder schleunigste Vermittlung an einen anderen Haushalt. Sind nämlich derartige Haßgefühle bei einer Katze gegen eine andere erst einmal etabliert, dann sind sie fast stets irreversibel. Es kommt auch vor, daß die alte Katze gegen den unerwünschten Neuling noch auf andere Weise als mit direkten »Kampfmaßnahmen« protestiert: Bereits längst eingespielte Regeln werden »vergessen«, die Katze benimmt sich ungezogen, bekommt »hysterische« Anfälle, verweigert die Nahrungsaufnahme oder wird unsauber, d.h. sie wehrt sich gegen den »Eindringling«, indem sie ihr Revier markiert.

Man kann es dann vielleicht noch mit einem anderen Partner versuchen, aber es gibt eben auch Katzen, die sich überhaupt nicht zur Gemeinschaftshaltung eignen.

»Bei dreien ist einer zuviel«: Auch die Katzen scheinen es mit diesem Spruch zu halten. Jedenfalls ist die Gefahr der Entwicklung unüberwindlicher Abneigungen beim Zusammenhalten von drei Katzen besonders groß, selbst wenn es sich um Wurfgeschwister handelt, die sich in ihrer Kindheit glänzend miteinander vertragen haben. Ausnahmen bestätigen nur die Regel.

Mehr als drei Katzen können fast nur auf einem großen Anwesen oder Bauernhof einigermaßen friedlich miteinander leben, und selbst da gibt es noch genug »zwischenkätzische« Probleme.

Die Haltung von vielen Katzen auf einem beschränkten Raum, wie es die Etagenwohnung nun einmal ist, ist für die Tiere, und meistens nicht nur für sie, eine kaum erträgliche Belastung. Bei oberflächlicher Betrachtung vertragen sich vier oder gar mehr Katzen scheinbar besser als drei. Doch fühlen sie sich dabei nicht wohl, und die Verträglichkeit ist nur vorgetäuscht. Die Tiere sind fast ununterbrochen in Abwehrstimmung. Größere Kämpfe unterbleiben nur deshalb, weil die Aggression ständig in leichter Form abreagiert wird, oft vom Besitzer solcher Katzengruppen unbemerkt. Die unglücklichen Tiere stehen dabei unter einem höchst ungesunden Dauerstreß. Niemand, der Katzen wirklich liebt und um ihr Verständnis bemüht ist, wird seinen Schützlingen so etwas zumuten wollen.

Das »gesellige Beisammensein« ist eben eine Sache, auf die sich die Katze nur aus freiem Willen gern einläßt. Und wer möchte das einem Tier verargen, dessen Eigenwilligkeit als ein Zeichen seiner Intelligenz, als ein besonderer Vorzug seines ganzen Wesens geschätzt wird!

Katzen sind Individualisten; sie sind keine Einzelgänger oder gar Eigenbrötler, nur weil sie als Gesellschaft, gewissermaßen als »Mitkatze«, uns Menschen bevorzugen. Und darauf können wir doch eigentlich ein wenig stolz sein.

Zum Abschluß noch etwas zur »Person« unserer Stubenkatze: Gibt es überhaupt die ideale Stubenkatze? Die Antwort ist: nein. Selbst in der hochgezüchteten Rassekatze steckt noch genügend vom Charakter des Wildtieres. Eine gezielte Katzenzucht gibt es erst seit kaum mehr als einem Jahrhundert, also einem verschwindend kurzen Zeitraum in der über 30 Millionen Jahre alten Katzen-Stammesgeschichte.

Selbst die vornehmste Seidenhaarprinzessin spürt in sich den Drang nach draußen, hat sie erst einmal die Süße der freien Luft kennengelernt. Und eine temperamentvolle Siamkatze in der Wohnung zu halten verlangt besondere Nervenstärke, von der Katze kaum weniger als von ihrem menschlichen Betreuer. So bleibt es vorwiegend dem Schicksal überlassen, ob man eine Katze gewählt hat, die sich leicht in das Wohnungsdasein fügt, vielleicht aber dabei ihre natürliche Lebhaftigkeit einbüßt, oder einen wilden Rabauken, der die Wohnung täglich in ein Trümmerfeld verwandelt. Alle Varianten, alle Übergänge zwischen diesen beiden Extremen sind möglich. Was man daraus macht, ist Sache des Temperaments, des Humors, der Ausdauer und der erzieherischen Begabung der Menschen, die das Revier Wohnung mit der Katze teilen.

So hat schließlich jeder die Stubenkatze, die er verdient.

DIE KATZE BEIM TIERARZT

Impfungen und Parasiten

Wer ein Kätzchen oder eine Katze in sein Heim aufnimmt, dem wird, ob früher oder später, der Gang zum Tierarzt nicht erspart bleiben, auch wenn Mieze noch so gesund und kräftig wirkt. Da sind als erstes die unerläßlichen vorbeugenden Impfungen gegen Infektionskrankheiten wie Katzenseuche, Leukose, Katzenschnupfen und Tollwut. Auch Katzen, die zeit ihres Lebens nie aus der Wohnung kommen, brauchen einen Impfschutz, zumindest gegen Katzenseuche und -schnupfen. Die Erreger sind sehr widerstandsfähige Viren, die an Kleidern und Schuhen der aus- und eingehenden Menschen eingeschleppt werden und die Stubenkatze anstecken können. Diese ist sogar stärker gefährdet als ihre freilaufenden Artgenossen, da ihre Abwehrkräfte weniger gefordert und daher meist schwächer sind. Ähnlich wie unsere Grippe tritt die Katzenseuche (Panleukopaenie, »Katzenstaupe«) in den verschiedensten Erscheinungsformen auf. Auch der sogenannte »Katzenschnupfen« geht auf ein dem der Katzenseuche ähnliches Virus zurück. Man lasse sich nicht durch die harmlos klingende Bezeichnung täuschen; anders als unser Schnupfen ist Katzenschnupfen eine bitterernste Sache. Ohne Behandlung – die stets langwierig und kostspielig ist – führt diese hochansteckende Seuche fast immer zum Tode. Man erspart also sich und der Katze viel Kummer, wenn man sorgfältig auf eine ausreichende Immunisierung achtet. Meist bleibt die Katze von der Spritze und dem fast schmerzlosen Einstich der Nadel unbeeindruckt.

Ein weiterer Grund, mit einer neu aufgenommenen Katze bald zum Tierarzt zu gehen, sind die Endoparasiten, vor allem Würmer. Kaum eine Katze entgeht einem Befall. Wurmmittel gibt es als Paste, als Saft oder in Tablettenform. Es kommt auf den guten Willen der Katze und die »Überredungskünste« und Geschicklichkeit ihres Menschen an, ob man die nötigen Wurmkuren selbst durchführen kann. Gründliche Wurmkuren sind aber für den Organismus der Katze recht belastend. Man sollte sie also, nachdem die Katze erst einmal entwurmt wurde, nicht einfach vorbeugend oder routinemäßig durchführen, sondern nur, wenn halbjährlich oder – bei besonders behüteten Stubentieren – jährlich vorzunehmende Kotprobenuntersuchungen einen erneuten Befall ergeben. Zur Haken- und Bandwurmbekämpfung sollte man auf jeden Fall den Tierarzt aufsuchen. Der Zwischenwirt für die Bandwürmer ist übrigens der Katzenfloh, dessen Bisse die Katzen und auch manche Menschen mit schwer erträglichem Juckreiz peinigen. Man tut also der Katze, sich selbst und nicht zuletzt dem eigenen Geldbeutel einen guten Dienst, wenn man die Flöhe, wann immer sie auftreten, mit Eifer und Nachdruck bekämpft.

Kastration

Mit sieben bis zwölf Monaten sind die Kindertage einer Katze, ob Edel- oder Haus-, normalerweise vorbei. Was das mit sich bringt, habe ich ab Seite 105 beschrieben. Der Ausweg aus all diesen Unannehmlichkeiten ist völlig klar: ein Gang zum Tierarzt. Viele meinen, die Kastration – bei der Kätzin oft fälschlich Sterilisation genannt – sei heute dank moderner Operationstechniken und Narkosemittel ein völlig unbedenklicher Eingriff, der die Katzen keineswegs in ihrem Dasein beeinträchtige. Nun, darauf komme ich noch zurück. Zunächst gibt es etwas ganz anderes zu bedenken: Die Haustierwerdung (Domestikation) stört bei den ihr unterworfenen Tieren (einschließlich des Menschen) die harmonisch abgestimmte Aufeinanderfolge einzelner Entwicklungsschritte. So werden die jungen Katzen immer früher geschlechtsreif, aber ihre körperliche Entwicklung hinkt hinterher. Skelettentwicklung und Wachstum folgen noch dem langsameren Entwicklungsrhythmus der wilden Vorfahren. Sie fertig auszubilden erfordert die weitere Mitwirkung der Sexualhormone. Der unter den Äußerungen kätzischer Frühreife leidende Mensch steht also vor der Entscheidung, die Entwicklung seiner Katze durch frühe Kastration zu schädigen *oder* mindestens ein halbes Jahr das Ungemach zu ertragen. Bei einem Weibchen ist das nicht weiter schlimm. Man muß halt nur aufpassen, daß ihm kein Kater zu nahe kommt. Hat man dagegen einen Kater, so erfordert es schon einigen Opfermut, da es kaum gelingen dürfte, alle

Einrichtungsgegenstände vor seinem »Parfüm« zu schützen. Dennoch, Katzen sollte man frühestens mit einem Jahr, Kater mit anderthalb Jahren operieren lassen.

Kastraten sind häuslicher; die Neigung zu ausgedehnten Streifzügen ist deutlich herabgesetzt. Meist haben sie auch einen umgänglicheren Charakter. Sie sind zärtlicher, folgsamer und meistens auch hübscher als ihre intakten Artgenossen; denn in der Ranzzeit leiden Figur und Fell, abgesehen von den ehrenvollen Schmissen und zerfetzten Ohren, welche die noblen Katerkavaliere bei ihren Duellen davontragen. Kater, die auf Liebespfaden wandeln, bleiben oft tagelang weg und kommen schließlich halbverhungert, verdreckt und bei Raufereien mehr oder weniger schwer verletzt nach Hause, wenn überhaupt. Die tiefen Schrammen und vor allem die Bißwunden, welche sich Kater und manchmal auch Katzen bei ihren Kämpfen zufügen, entzünden sich fast immer eitrig und benötigen tierärztliche Behandlung. Die Wege eines verliebten Katers sind oft weit und führen über belebte Straßen oder durch Jagdreviere, wo viele Jäger nur auf einen Vorwand warten, um sie abzuschießen. Das aktive Sexualleben bereitet, so könnte man meinen, den Katzen mehr Qual als Lust und setzt sie zahlreichen Gefahren aus. Tut man ihnen also geradezu einen Gefallen, wenn man sie kastriert?

Leider ist es nicht möglich, die Betroffenen hierzu selbst zu befragen. Wenn man jedoch beobachtet, zu welchen Anstrengungen und Risiken die Tiere bereit sind, um ihr Geschlecht zu befriedigen, kann man kaum umhin, sich daran zu erinnern, wie wir Menschen Ähnliches nicht nur willig, sondern oft geradezu mit Lust um der ersehnten Freuden willen auf uns nehmen. Wer uns dessen, der Leiden wie der Freuden, berauben wollte, würde wohl nur von Ausnahmenaturen als Befreier aus Not und Gefahr angesehen. Nun haben die Katzen ja gewiß keine Einsicht in den kausalen Zusammenhang. Man könnte hier sogar ein Argument für die Frühkastration sehen: Erfahrungslose Tiere wissen nicht, was ihnen entgeht und sind daher wohl ganz zufrieden. Haben die Tiere dagegen schon die Erfahrung eines Oestrus oder gar des Geschlechtsverkehrs gemacht, so können sie schon frustriert erscheinen. Zumindest legen die häufigen, mehr oder weniger vergeblichen Kopulationsversuche mancher Kastraten diese Deutung nahe. Dennoch, wer einen Kater in einer Stadtwohnung hält, wird die Kastration kaum vermeiden können und wollen, und auch auf dem Lande kann man unter heutigen Umständen die ungehemmte Vermehrung freilaufender Katzen nicht gutheißen, weder um der Umwelt noch der Katzen selbst willen. Aber wenn man Für und Wider sorgsam abwägt, so sind die Nachteile einer Frühkastration doch gravierender als die einer späteren.

Raufen tun auch kastrierte Kater. Die der Kastration folgende hormonale Umstellung verschiebt nur die Reizschwellen für die kampfauslösenden Situationen. Ein intakter Kater bekämpft hauptsächlich seine männlichen Rivalen, ein kastrierter verteidigt sein Revier ähnlich heftig wie die Weibchen. Da diese Kämpfe nur dazu dienen, einen lästigen Eindringling mittels einiger saftiger Ohrfeigen *wegzujagen,* sind sie viel kürzer und harmloser als die Rivalenkämpfe unkastrierter Tiere. Ein Kater, der einem anderen den Rang streitig macht, setzt Krallen und Zähne ein, denn sein Sinn ist auf Mord und Totschlag gerichtet. Das Angriffsziel ist der tödliche Nackenbiß; er gelingt meist nur deshalb nicht, weil der Gegner darauf gefaßt ist und den Angriff pariert.

Nun produzieren aber auch andere Organe als die Hoden das männliche Hormon Testosteron, wenn auch meist in so geringen Mengen, daß keine merkbare Wirkung eintritt. Bei einzelnen Katern jedoch kann sich das, oft ganz allmählich im Laufe von Jahren, so weit steigern, daß sie wieder sexuell aktiv werden. In ihrer Brust wohnen dann zwei Seelen. Meist hält sich das in Grenzen, und nur selten wird es lästig, weil sie – mit Katerduft! – wieder Urin verspritzen. Ändern kann man daran dann nichts.

Kätzinnen bringen, wenn man sich nicht zur Kastration entschließen kann, zweimal im Jahr Junge ins Haus. Bei einem Durchschnitt von vier Jungen pro Wurf schafft das in kurzer Zeit ein ganz gewaltiges Nachwuchsproblem.

Obwohl es viel Freude bereiten kann, einen Wurf drolliger Jungkätzchen aufwachsen zu sehen, sollte man – auch als Besitzer von Rassekatzen! – darüber nicht die Verantwortung vergessen, die dieses Vergnügen mit sich bringt. Seit Jahren und Jahrzehnten predigen alle Katzenkenner, Katzenvereine und Tierschutzverbände ebenso unermüdlich wie leider vergeblich, man solle keine Kätzchen großziehen, wenn man vorher nicht sicher weiß, daß man ein gutes Heim und rechte Pflege für sie findet. Katzennachwuchs, einem ungewissen Schicksal ausgesetzt, endet fast immer in einem Dasein voller

Leiden. Untererernährt, krank, verkommen, von jedem gejagt, streunen solche »Zufallskatzen« herum und gehen erbärmlich zugrunde, wenn sie nicht das Glück haben, frühzeitig überfahren zu werden. Die Hauptursache des ganzen Katzenelends ist nach wie vor die egoistische Gedankenlosigkeit oder auch der Geiz mancher Katzenbesitzer, die die einmalige Ausgabe für eine Kastration scheuen.

Die kranke Katze

Auch behütete und gut gepflegte Katzen können krank werden. Es ist nicht der Zweck dieses Buches, Katzenkrankheiten und deren Behandlung ausführlich zu schildern. Darüber sind schon eine ganze Reihe sehr guter Bücher geschrieben worden. Aber ein paar Bemerkungen über die kranke Katze sollten doch gemacht werden, denn Katzen sind schwierige Patienten. Nicht, weil sie schwer zu behandeln wären; meist sind sie rührend geduldig. Sie sind schwierig als Patienten, weil sie nicht laut und deutlich zeigen, daß ihnen etwas fehlt.

Die Erklärung hierfür mag darin liegen, daß die Katzen der freien Wildbahn ihre Genesung in einsamer Stille abwarten. Sie dürfen ihr Leiden ja auch niemandem mitteilen, sonst werden sie allzuleicht Beute von Freßfeinden. Da es für den Einzelgänger Katze keine Krankenpflege gibt, besitzt sie auch keinen speziellen Ausdruck, der darum bittet. Selbst die geselligen Löwen kennen gegenüber erkrankten Rudelmitgliedern kein Schutz- und Pflegeverhalten. Sie lassen sie allein liegen, geben sie ohne Hilfe preis. Seltsamerweise ist das bei verletzten Tieren anders: Es kommt gar nicht so selten vor, daß Löwen die Wunden ihrer Artgenossen sauberlecken, Nahrung herbeischaffen – oft über lange Zeit! – und den Hilflosen verteidigen. Warum das so ist, hat bisher noch niemand untersucht. Kranke Löwen sind möglicherweise in ihrem Ausdruck verändert, während verletzte sich in der den Artgenossen vertrauten Weise verhalten.

Bleibt Miez also ganz gegen ihre Gewohnheit in der Ecke liegen, anstatt wie sonst zur allabendlichen stürmischen Begrüßung herbeizueilen, wirkt sie nur ein bißchen träger als sonst, ein ganz klein wenig lethargisch, ist sie nicht bloß müde; dann sollte man die Katze mit größter Aufmerksamkeit beobachten. Eine Veränderung des ge-

Abb. 52: Kranke Katze, Beschreibung im Text.

wohnten Lebensrhythmus ist oft ein ernstes Alarmzeichen. Es ist natürlich möglich, daß der Herr Kater sich wieder einmal zu einem zünftigen Raufhandel mit seinem Intimfeind hat hinreißen lassen und bloß seine Erschöpfung ausschläft. Einige frische Kratzer, ein neuer Riß im Ohr sind hier zuverlässige Hinweise. Doch Vorsicht – es können auch wesentlich schwerere Verletzungen sein, die unser Held vom Schlachtfeld nach Hause getragen hat! Selbst harmlos aussehende Bißverletzungen (die man häufig am Ellenbogen des Katers findet) tragen oft den Keim lebensgefährlicher Infektionen in sich. Ist eine Rauferei harmloserer Natur auszuschließen, ist es meist höchste Zeit, etwas zu unternehmen. Die berühmten sieben Leben einer Katze sind im Falle einer Erkrankung sehr schnell dahingerafft. Überaus ernst ist das Befinden eines Tieres, das beharrlich mit dem Gesicht zur Wand kauert oder sich gar verkriecht, das ein strähnig abstehendes Fell hat, dessen Nase mit eitrigem Schleim verklebt ist oder dessen Nickhäute (das sind die dritten Augenlider der Katze, halbdurchsichtige Häutchen, die normalerweise im inneren Augenwinkel versenkt sind) bei geöffneten Augen sichtbar bleiben, weil sie angeschwollen sind.

Wenn eine Hauskatze erst einmal deutliche Symptome zeigt, so ist sie bereits schwer krank, oft sogar bereits vom Tode gezeichnet. Diese Gefahr ist bei Vergiftungen besonders groß. Man stellt sich vor, daß eine vergiftete Katze Krämpfe hat; dann ist es aber fast immer schon zu spät für eine Rettung. So verschieden die Art des Giftes sein kann, das die Katze aufgenommen hat, so unterschiedlich sind die Reaktionen des Körpers darauf.

Brechdurchfälle sind ein unübersehbares Zeichen einer Vergiftung, wie auch übermäßiger Speichelfluß, ein stellenweise gesträubtes Fell oder ein unsicherer Gang darauf hinweisen können. Die blutzersetzenden Mittel, mit denen die ausgelegten Rattenköder meistens präpariert sind, verursachen blutigen Durchfall. Besonders heimtückisch sind die Nervengifte: Man muß seine Katze schon sehr genau kennen, um die entsprechenden Symptome rechtzeitig zu erkennen. Verhält sich eine Katze irgendwie »ungewöhnlich« – das kann auch eine auffällige Euphorie oder eine plötzliche, unmotivierte »Rolligkeit« sein –, sind die Pupillen der Katze stark erweitert oder verengt, ist die Atmung stoßweise oder hechelnd, dann ist schnellstes Handeln geboten! Man halte sich nicht mit Gedanken an erste Hilfe auf – hier kann allein der Tierarzt helfen. Der Katzenfreund, der mit seinem Tier so früh wie möglich in die Praxis eilt, ist nicht überängstlich; er handelt richtig.

Der Weg zum Tierarzt

Der Transport der Katze zur Tierarztpraxis muß unbedingt in einem ausbruchsicheren Behälter erfolgen. Es erspart der Katze ein erhebliches Maß an Belastung, wenn sie ausreichend Gelegenheit hatte, sich mit dem Transportbehälter vertraut zu machen. Mit ihrer sprichwörtlichen Neugier wird sie den neuen Gegenstand gründlich untersuchen; wirft man ihr ein begehrtes Spielzeug hinein oder polstert man ihn mit dem vertrauten Ruhekissen aus, lernt die Katze so ganz nebenbei, den Transportbehälter zu mögen. Es sei aber nicht verschwiegen, daß mißtrauische Katzennaturen sich hartnäckig weigern, den Transportbehälter noch einmal freiwillig aufzusuchen, nachdem sie *einmal* darin eingesperrt waren. Aus ähnlichen Gründen ist es nicht weise, das Schlafkörbchen zum Transportbehelf umzufunktionieren, selbst wenn es verschließbar ist. Ein kräftiger, entschlossener Kater ist durchaus imstande, das Türchen eines solchen Schlafkorbes in Fetzen zu reißen. Außerdem läßt das Korbgeflecht Zugluft durch. Einkaufstaschen, offene Körbe, Pappkartons, Dekken oder Kissenbezüge sind noch viel weniger zur Beförderung einer Katze geeignet.

Geradezu sträflich leichtsinnig ist es aber, die Katze auf dem Arm zum Tierarzt zu tragen, selbst wenn sie sonst daran gewöhnt ist. Die Katze mag durch eine Infektionskrankheit oder eine eben überstandene Operation geschwächt sein, Panik aber verleiht Flügel! Das Herandonnern eines schweren Lastzuges, ein unvermutetes Hupen, ein Hund, der mit fürchterlichem Gebell herbeispringt, und schon siegt in der Katze der seit Urzeiten ererbte Fluchttrieb über das erst jüngst erworbene Vertrauen zur Menschheit: Sie will davon. Der Mensch aber weiß – oder glaubt –, daß seine Mieze dem sicheren Verderben geradezu in den Rachen springen würde, und hält sie mit schnellem Griff und Geistesgegenwart. Die Katze meint, der Hund habe sie schon. Mit den daraus resultierenden Kratzern und Bissen gehe man am besten gleich selber zum Arzt. Auch die nach allen Regeln neuzeitlicher Hygiene »unter dem Glassturz« gehaltene Katze trägt an Krallen und Zähnen Keime, die im Handumdrehen die klassischen Symptome einer soliden Blutvergiftung erzeugen.

Es ist nun keineswegs sicher, daß man der Katze danach je wieder habhaft oder auch nur ansichtig wird. Von wilder Panik ergriffene Katzen rennen oft so weit davon, daß sie nie mehr zurückfinden; besonders verhätschelte Zimmerkatzen, welche die Gefahren der »bösen« Außenwelt nicht kennen, werden bei ihrer ersten Begegnung damit um so tiefer erschrecken. Auch wenn sie dann weder diesen Gefahren noch den Folgen ihrer Erkrankung erliegen, finden sie doch nicht wieder heim. Entgegen weitverbreitetem Volksglauben verfügen sie nämlich über keinerlei übersinnliche Fähigkeiten hierzu, und auch keine Radio-, »Erd-« oder »Magnetstrahlung« vermag ihnen zu helfen! Katzen, die an freien Auslauf gewöhnt sind, leisten dank ihrer Erfahrung allerdings zuweilen Erstaunenswertes; Wunder vollbringen auch sie nicht. Viele Risiken in einem Katzenleben sind nicht kalkulierbar. Doch Anzeigen wie: »Weißer Angorakater im August entlaufen! Besonderes Kennzeichen: Frische Operationsnarbe an der Brust. Belohnung!« müssen nicht sein. Wie leicht ist es, solche Zwischenfälle zu vermeiden!

Nun hat man alles vorbereitet. Der Behandlungs- oder Operationstermin ist festgesetzt, ein Transportvehikel organisiert, die Transportkiste steht bereit – nur Pussilein ist plötzlich unauffindbar! Katzen sind nicht dumm und hervorragende Beobachter. Vor allem, wenn sie die Prozedur schon kennen, merken sie, daß es ihnen »ans Fell« geht, kaum daß der Mensch den konkreten Gedanken an den fälligen Tierarztbesuch gefaßt hat. Eine hektische Suche beginnt; mit zunehmender Verzweiflung werden die durchstöberten Orte immer unwahrscheinlicher. So mancher unglückliche Besitzer eines solchen Katzenschlaubergers sah sich unvermittelt zu verlegen gestammelten Erklärungen genötigt, weil er, auf Händen und Knien kauernd, an fremden offenen Kellerfenstern erwischt worden war.

Meistens ist es gar nicht nötig, sich in solche peinlichkeitsträchtigen Situationen zu begeben. Die Katze als »Höhlenflüchter« bevorzugt nämlich Verstecke im eigenen Heim. Es lohnt sich, hinter dem Küchenherd, auf, unter und in Schränken, unter dem Bett, hinter Vorhängen und Heizungsverkleidungen nachzusehen, bevor man die Suche auf die nähere Umgebung des Hauses ausdehnt. Dann aber sollte man nicht vergessen, den Blick auch nach oben zu richten. Eine Katze, die sich verfolgt sieht, kann erstaunliche Kletterkünste entwickeln.

Ist der Ausreißer endlich entdeckt, hat man ihn noch lange nicht beim Wickel. Jetzt bedarf es der Ruhe und schier übermenschlicher Geduld. Packt man eine Katze nämlich jählings, erschrickt sie und verwandelt sich in ein kreischendes Bündel Krallen und Zähne. Die Folgen wurden bereits ausführlich geschildert. In der Wohnung ist die Sache ja noch einfach. Man braucht nur alle Türen zu schließen und die Katze mittels geeigneter Gegenstände und vieler guter Worte sanft aus dem Versteck zu treiben. Ganz besonders geschickten Katzenjägern gelingt es zuweilen, dem Tier den Transportbehälter als den nächsten Zufluchtsort willkommen zu machen.

Im Freien sind Nervenstärke und etwas angewandte Katzenpsychologie notwendig. Es ist sinnlos, der Katze nachzurennen; sie wird jeden Wettlauf gewinnen. Je hastiger ein Fänger vorgeht, desto tiefer sinken seine Chancen. Man kann wirklich nicht erwarten, daß eine ausgerissene Katze vertrauensvoll auf ihren herankeuchenden und schnaufenden Menschen wartet. Läßt man ihr hingegen einen beruhigenden Sicherheitsabstand, wird sie vielleicht verharren und nach einer Weile einen Schlupfwinkel aufsuchen. Wenn man sich dann bedächtig, auf krummen Wegen – nicht rasch und geradeaus, wie man jetzt vielleicht am liebsten möchte! – der Katze nähert, hat man möglicherweise schon halb gewonnen. Ein direkter Blickkontakt mit der Katze ist aber unbedingt zu vermeiden, auch wenn's schwerfällt. Alle Feliden verabscheuen es, angestarrt zu werden. Sie verstehen das als Drohung, in entsprechender Situation auch als Herausforderung zu einer zünftigen Rauferei, jedenfalls aber als schweren Verstoß gegen gute Katzensitten.

Erkennt die Katze den guten Willen des Katzenjägers an und bleibt friedlich in ihrem Versteck sitzen, taste man sich »mit zarten Fingerspitzen« an die Katze heran, kraule sie unter beruhigendem Gemurmel hinterm Ohr und nehme die jetzt sicher heilfrohe Katze mit sanftem Schwung auf den Arm. Schön, wenn dies immer so leicht ginge! Oft hilft nichts anderes, als einen neuen Termin beim Tierarzt festzusetzen. Nächstes Mal kann man das Ganze ja schlauer anstellen.

Wie das geht? Man muß die Katze nur gleich nach der üblichen Morgenfütterung in ein Zimmer sperren; noch sicherer ist es, sie schon am Abend vorher zu »arretieren«. Vor Operationen ist das letztere sogar unumgänglich, denn nur so kann man sicher sein, daß der Katzenmagen leer bleibt .

Will man sehr scheue, halbwilde Katzen einfangen, kann man dies mit einer Falle tun, die man am günstigsten bei Tierschutz- oder Katzenvereinen entleiht. Schonender ist bei verwilderten Tieren die Betäubung mittels Blasrohr und druckluftgeladener Spritze. Zur Anwendung kommt eine Mischung zweier Präparate, die »Hellabrunner Mischung«. Das Verfahren ist aber nur unter Anleitung eines damit vertrauten Tierarztes anzuwenden. Es erspart dem Wildling die Aufregung der Falle; das Geräusch der plötzlich zuschnappenden Klappe und das Nicht-hinaus-Können erregt manche dieser freiheitsgewöhnten Tiere so schwer, daß sie einem Herztod erliegen. Die Gefahr ist besonders groß, wenn nach dem Fang einige Zeit vergeht, ehe man das Tier befreien oder notfalls ruhigstellen kann.

Nun haben wir die Katze noch immer nicht beim Tierarzt. Es ist natürlich ein besonderer Glücksfall, wenn man einen guten Tierarzt in der Nachbarschaft findet. Weite Fahrten zum Arzt sind für das

Tier oft unerfreulich, und in dringenden Fällen ist die geringe Entfernung der Praxis ein wahrer Segen. Trotzdem soll das nicht als feste Regel verstanden werden; Qualität kommt vor Nähe! Ein einfühlsamer, verständnisvoller Katzendoktor, den man im Notfalle auch zu nachtschlafender Zeit erreichen kann, ist allemal eine kilometerlange Anfahrt wert.

Das beste und für die Katze am wenigsten belastende Transportmittel ist und bleibt das Auto. Wer keines hat, sollte die Ausgabe für ein Taxi nicht scheuen. Eine kranke Katze in Straßenbahn oder Autobus inmitten einer Schar lärmender Schulkinder durchrütteln zu lassen, zeugt nicht eben von mitfühlendem Verständnis. Je weniger sich die Katze beim Transport aufregt, desto besser ist schließlich auch der Behandlungserfolg.

Wegen der Auspuffgase, die eingewirbelt werden können, ist der Kofferraum für die Katze tabu, also sollte sie *samt* dem Transportbehälter in den Innenraum genommen werden. Nun kommt es häufig vor, daß die Mieze herzzerreißend jammert und weint; trotzdem darf sie auf keinen Fall aus dem Behälter gelassen werden! Eine im Wagen frei umherspringende Katze kann leicht einen Unfall verursachen, und es ist schon öfter vorgekommen, daß Katzen durch versehentlich geöffnete Fenster und Türen auf Nimmerwiedersehen entwischt sind. Reisekrankheit mit Erbrechen kommt bei Katzen selten vor; sehr häufig aber regt die mit der ungewohnten Beförderung verbundene Aufregung die Nieren- und Blasentätigkeit stark an, die Katze »macht sich vor Angst in die Hosen«. In einem gut ausgepolsterten Behälter ist dies ein kleines Übel. Im Sitzpolster des Wagens kann sich der Geruch allerdings sehr hartnäckig halten. Wem also die beiden vorher genannten Gründe als zu weit hergeholt erscheinen, dem mag der penetrante Gestank als Abschreckung dienen.

Es schadet nicht, wenn man die gesunde Katze an kleine Autofahrten gewöhnt, dann ist das im Fall einer Krankheit nicht mehr so belastend. Es gibt sogar Katzen, die sich mit Genuß durch die Landschaft fahren lassen, wie es auch phlegmatische Temperamente gibt, die lange Autoreisen einfach verschlafen.

In Einzelfällen leiden Katzen unter so starken Angstzuständen, daß jede Fahrt zum Gesundheitsrisiko wird. Solche Katzen schreien oft lange und anhaltend, die Atmung wird flach und beschleunigt, die Katze »hechelt«. Gelingt es nicht, eine Katze an das Autofahren zu gewöhnen, kann ihr der Tierarzt ein Beruhigungsmittel für später notwendige Fälle verordnen.

In der Praxis

Auch im Wartezimmer der Tierarztpraxis ist es nicht ratsam, die Katze aus dem Transportbehälter zu lassen. Die fremden Menschen, eine freundlich-neugierig entgegengestreckte Hundenase, plötzliches Kläffen können die Katze erschrecken und Panikreaktionen auslösen. Man sollte auch die Gefahr einer Ansteckung nicht unterschätzen. Meist ist die Katze ohnehin froh, wenn sie möglichst in Ruhe gelassen wird.

Ein besonders umsichtiger Tierarzt hatte in seinem großzügig bemessenen Warteraum eine riesige Vogelvoliere aufgestellt; alle Katzen, die nicht durch ihre schwere Erkrankung ohnehin in Apathie versunken waren, betrachteten gebannt das sorglose Treiben der bunten Piepmätze. Die Kümmernisse des Transportes, der Gefangenschaft im Behälter, die Erwartung einer möglicherweise unangenehmen Behandlung waren von Menschen und Katzen sichtlich vergessen. Dieser Aufwand ist freilich ungewöhnlich; das in modernen Tierarztpraxen häufiger zu findende Aquarium erfüllt einen ähnlichen Zweck.

Im Sprechzimmer endlich darf die Katze aus der Kiste – und was ist jetzt? Sie will nicht! Es kann dem Vertrauen der Katze zu ihrem Betreuer sehr schaden, wenn dieser sie nun gewaltsam aus ihrer schützenden Höhle an das grelle Ordinationslicht zerrt. Der Tierarzt aber, der sie mit einem geübten Griff aus dem Behälter hebt, kann dabei vielleicht schon einen Hinweis auf den Zustand seines Patienten bekommen.

Hat man dann dem Arzt seine Beobachtungen der Krankheitssymptome und Verhaltensänderungen seiner Katze mitgeteilt, sollte man am besten seine Neugier bezähmen und den Behandlungsraum verlassen. Welcher Katzenfreund möchte schon, daß sein Liebling ihn mit der möglicherweise unangenehmen Behandlung verbindet! Und genau das kann passieren, vor allem, wenn man glaubt, dem Tierarzt die Arbeit zu »erleichtern«, indem man das Kätzchen festhält. Eine ungeschickte Hilfe ist schlechter als gar keine.

Gewaltsam festgehalten zu werden erzeugt bei Katzen, ja überhaupt bei den meisten Tieren, panische Angst. Selbst äußerst schmerzhafte Behandlungen erdulden sie meist klaglos, wenn ein vertrauter Mensch ihnen gut zuredet; aber auch die allerzahmsten unter ihnen wehren sich mit äußerster Verzweiflung, wenn man sie dabei festhalten will. Das ist eine sehr verständliche Reaktion, wenn man nur bedenkt, daß in der freien Natur Festgehalten-Werden ziemlich gleichbedeutend ist mit »im nächsten Augenblick gefressen werden«! Kein Wunder also, daß eine gewaltsam festgehaltene Katze vom gleichen Entsetzen erfaßt wird, als ob sie Luchs oder Wolf bereits beim Wickel hätten.

Nach einem solchen Erlebnis kann alle Vertrautheit mit dem menschlichen Freund für lange Zeit weggewischt sein. Besonders scheue Tiere, die nicht so gut in ein Haus eingewöhnt sind, verlieren leicht den guten Glauben an die Menschheit. Wenn daher einmal bei einer tierärztlichen Behandlung gutes Zureden nicht ausreicht und das Tier wirklich festgehalten werden muß, überlasse man dies unbedingt einem ganz Fremden. Die meisten Tierärzte haben heutzutage ohnehin gut ausgebildete Helfer, die auch wehrhafte Katzen mit sanftem Nachdruck ruhighalten können.

Viele Menschen können kein Blut sehen; manchen wird schon beim Anblick einer Injektionsnadel schlecht – und es sind keineswegs nur die »verzärtelten Jüngferchen«, denen so etwas passiert! Ein Tierfreund, der »mannhaft« seinem Katerchen beistehen will und dann beim ersten Eitertropfen, der beim Aufschneiden einer entzündeten Bißwunde zutage tritt, käseweiß wird und umfällt oder sich gar übergibt, ist weder seinem Schützling noch dem behandelnden Arzt eine Hilfe. Fast noch schlimmer für sämtliche Betroffenen sind aufgeregte, angespannte Katzenhalter, deren Erregung sich auf das kranke Tier überträgt, das ja ohnedies unter starkem Streß steht. Darüber hinaus erschwert das ständige Dazwischenreden die Konzentration und damit die Arbeit des Arztes.

Man sollte sich übrigens ganz allgemein hüten, einer kranken Katze seine verzweifelten Gefühle zu zeigen. Es ist besser, eine unpäßliche Mieze in Ruhe liegen zu lassen, als neben ihr zu sitzen und zu weinen. Die Katze spürt die Hoffnungslosigkeit ihres Menschen und verliert an Lebensmut. Solche Katzen sind oft auch bei ziemlich harmlosen Erkrankungen schwierig zu behandeln.

Wer draußen wartet, bis sein Liebling fertig versorgt ist, kann für sich noch einen weiteren, nicht zu unterschätzenden Vorteil verbuchen: Er kann nachher in den Behandlungsraum kommen und – nicht auf die Katze losstürzen und sie ergreifen, das erinnert doch sehr an die Handlungen der Praxishilfe – das arme Kätzchen an die mitleidende Brust nehmen. Dann ist man der edle Held, der es aus Todesgefahr gerettet hat, und die dankbare Katze wird womöglich noch anhänglicher.

Es gibt nur wenige Gründe, die dafür sprechen, während der Behandlung bei der Katze zu bleiben. Manchen Tieren kann es helfen, wenn eine vertraute Stimme ihnen beruhigend zuspricht. Wer sich zutraut, einer Impfung zuzuschauen, ohne mit der Wimper zu zucken, kann die Katze mit Streicheln und Kraulen so ablenken, daß sie den Einstich gar nicht merkt. Ältere Katzen, für die gewisse Behandlungen fast schon zur Routine geworden sind, freuen sich, wenn ihnen ihr Mensch dabei Gesellschaft leistet. Diese Gesellschaft ist aber nur erwünscht, wenn Katze und Mensch einen ausgeglichenen Charakter haben.

Häusliche Pflege

Eine moderne tierärztliche Klinik bietet viele technische Vorteile, vor allem in der Intensivbehandlung schwerkranker Tiere. Eine liebevolle häusliche Pflege läßt sich aber für den endgültigen Heilerfolg durch nichts ersetzen. Deshalb behalten Tierärzte Katzen nur in Notfällen über längere Zeit in der Praxis. Auch nach nicht allzuschweren Operationen kann man die Katze bald wieder nach Hause mitnehmen. Wenn die Katze aus der Narkose aufwacht, ist sie meist sehr unruhig. Sie will aufstehen und herumgehen, kann sich aber nicht koordiniert bewegen. Gelegentlich erbricht sie in diesem Stadium auch ein wenig Schleim. Deshalb sollte man sie besser noch eine Weile eingesperrt halten. Eine frei in der Wohnung herumtorkelnde Katze kann sich böse Verletzungen zuziehen.

Frisch operierte Katzen sind überaus empfindlich gegen Zugluft und Kälte, vor allem, wenn sie mit den heute üblichen Ketamin-Präparaten narkotisiert worden sind. Man nehme jetzt aber um Himmels willen kein Heizkissen, um die Katze »aufzuwärmen«!

Ebenso gefährlich ist es, den Transportbehälter mit Katze an die Sonne oder vor den Heizlüfter zu stellen. Eine lauwarme Wärmflasche erfüllt ihren Zweck und kann keinen Schaden anrichten. Das seltener gebrauchte Narkosemittel M 99 läßt Katzen zur Überhitzung neigen. Hier ist es das beste, die Katze bei kühler Zimmertemperatur aufwachen zu lassen. In jedem Falle ist aber Zugluft unbedingt zu vermeiden. Katzen, die an freien Auslauf gewöhnt sind, verlangen manchmal schon zwei Stunden nach einer Operation energisch, von ihrem Recht Gebrauch zu machen. Auch wenn einem das ewige Geplärre »Ich will jetzt endlich raus!« auf die Nerven geht, sollte man diesem Wunsch auf gar keinen Fall nachgeben, sonst setzt man die Katze größten Gefahren aus. Selbst wenn Mieze noch so eifrig versichern mag, daß sie sich »zum Bäumeausreißen« fit fühle, lasse man sie am besten in der Wohnung, bis die Fäden gezogen sind. Bei kleineren Eingriffen genügen zwei Tage Hausarrest.

Die erzwungene »Wohngemeinschaft« ist übrigens weniger belastend, als man anfangs denkt: Irgendwann fügt sich auch die hartnäckigste Katze in ihr Schicksal und beläßt es bei nur gelegentlichen Ausbruchsversuchen. Es ist also gar nicht so schwer, seinen unpäßlichen Schützling vor seiner eigenen Abenteuerlust zu bewahren.

Keine Angst – die meisten geliebten, gut versorgten Katzen strotzen ihr Leben lang vor Gesundheit. Abgesehen von der Kastration, ein paar Routineuntersuchungen und Schutzimpfungen bekommen sie niemals einen Tierarzt zu sehen. Ob man so einen Glückspilz nach Hause nimmt, ist nur bis zu einem gewissen Grade eine Frage des Zufalls. Wie immer man zu seiner Katze kommt – man wird zumindest versuchen, sich der körperlichen und psychischen Gesundheit seines künftigen Schützlinges zu vergewissern. Man kann zwar nie ganz ausschließen, daß man ein verstecktes Krankheitszeichen übersieht – der Teufel steckt auch hier im Detail –, aber ein hübsches, lebhaftes Kätzchen mit glänzendem Fell, klaren Augen und einem zutraulichen Wesen ist im allgemeinen der richtige Kandidat.

Was bereits im Kapitel über Stubenkatzen erwähnt wurde, sei hier aber noch einmal in aller Eindringlichkeit gesagt: Ein Jungkätzchen mit sechs bis acht Wochen ist noch viel zu klein, um von Mutter und Geschwistern getrennt zu werden. Es sollte mindestens drei Monate bei der Mutter bleiben, vier ist noch besser. Hier werden freilich gelegentlich Proteste laut: Man könne dem Züchter einen so langen

Aufenthalt der immer übermütigeren Jungkatzenschar kaum zumuten: Oft toben sie wie die »Wilde Jagd« durchs Haus. Außerdem lasse die Mutterkatze nach drei Monaten die Jungen ohnehin nicht mehr saugen. Doch: In der freien Natur – und in diesem Falle wollen wir auch die Bauernhöfe dazuzählen – erfolgt die Auflösung einer Katzenfamilie erst, wenn die Jungen sechs Monate alt sind, oder sogar noch später, und das ist auch richtig so. Ein vier Monate altes Kätzchen ist nämlich noch nicht in der Lage, für sich selbst zu sorgen. Und dann muß es auch noch den Zahnwechsel überstehen; für das Heranwachsende ist dies wohl die gefährlichste Zeit. Mutter Natur ist hier, wie sonst auch, eine gute, wenn auch nicht immer bequeme Lehrmeisterin. Wie alle Mütter hat sie immer recht; man tut gut daran, nach Möglichkeit auf sie zu hören.

Nicht nur der körperlichen Entwicklung des Katzenkindes kommt das zugute; auch und zuallererst der psychischen – der Entwicklung der »Katzenseele«. Man kann sich noch so intensiv und liebevoll und sogar mit Sach- und Tierkenntnis eines Sechswochenkätzchens annehmen, es bleibt eine Waise.

Selbst gute Katzenkenner lassen sich täuschen: Weil ein so junges Kätzchen keine dramatischen Beweise seiner Sehnsucht nach Nestwärme und gleichaltrigen Mitkätzchen liefert, glauben sie, die frühe Trennung schade ihm nicht. Welch ein Trugschluß das ist, möge eine kurze Überblendung auf menschliche Verhältnisse zeigen. Etwa halbjährige Kinder, die man aus der »Nestwärme« einer Familie in die zwar hygienisch einwandfreie, aber eben nichtfamiliäre Pflege einer modernen Kinderklinik oder eines Kinderheimes brachte, wurden seelisch und körperlich geschädigt, und zwar nach längerem Aufenthalt so schwer, daß die Schäden nicht wieder gutzumachen waren. Kinderärzte und Psychologen haben lange gebraucht, bis sie als Ursache dieser sogenannten »Hospitalisierungsschäden« das Fehlen der Familienatmosphäre, vor allem aber der Beweise mütterlicher Liebe erkannten. Im ersten Stadium des »Hospitalismus« protestieren die Babys nun nicht etwa lauthals gegen den »Affektentzug«, sondern sind erstaunlich ruhig und »brav«. Hier haben wir die Parallele zum Sechswochenkätzchen: Es ist ebenfalls nur scheinbar brav und zufrieden, in Wirklichkeit aber in allen Funktionen gedämpft. Nicht, daß hier der Unterschied zwischen Mensch und Katze verwischt werden sollte. Aber beide haben doch ein im Prinzip sehr ähnlich aufgebautes Zentralnervensystem, das daher auch unter vergleichbaren Bedingungen in seiner Entwicklung zu ähnlichen (gewiß nicht »gleichen«) Reaktionen neigt. Wie die »hospitalisierten« Kinder ist daher auch unser Sechswochenkätzchen anfälliger gegen allerlei Infektionen, besonders von Magen und Darm, die dann leicht zum Tode führen.

Außer diesen seelischen Ursachen sind auch körperliche Mangelzustände daran schuld, daß viele Sechswochenkätzchen fast im gleichen Augenblick erkranken, in dem man sie von ihrer Mutterfamilie trennt: Von der vierten Woche an nagt und lutscht die durchschnittliche Jungkatze bereits ganz gern an einem Fleischstück herum, mit sechs Wochen frißt sie schon recht selbständig aus dem Futternapf. Gerade dies aber verleitet manche Züchter zu dem Glauben, das Kätzchen sei nun »reif« zur Weitergabe. Man übersieht dabei, daß die Mutter ihre Jungen oft bis nach der *achten* Woche bereitwillig saugen läßt, und das ist auch dringend nötig! Selbst die ausgewogenste Fertignahrung für Katzenkinder kann ihnen nicht die besonderen Abwehrkräfte vermitteln, die ihnen die Muttermilch gibt. Der Körper eines Sechswochenkätzchens ist noch nicht imstande, diese Abwehrkräfte in ausreichendem Maße selbst zu bilden, und auch der beste Tierarzt kann ein so kleines Katzenkind nicht mit einer Schutzimpfung versehen. So kann dann folgendes passieren – und es passiert beileibe nicht selten, das können Sie mir getrost glauben: Man trägt beglückt ein entzückendes Wollknäuel nach Hause, tröstet es mit etwas Futter und einem kleinen Spielchen über den Trennungsschmerz hinweg, und schon nach wenigen Stunden fängt das Kätzchen zu niesen an. Der frischgebackene Katzenbesitzer erkennt dies nicht als Zeichen einer ernsten Erkrankung, und stellt am nächsten Morgen mit Entsetzen fest, daß sich das hübsche Tierchen über Nacht in ein schniefendes, verklebtes Häufchen Unglück verwandelt hat. »Katzenschnupfen«, stellt der Tierarzt fest, und wenn die Erkrankung noch nicht zu weit fortgeschritten ist, wird er eine Behandlung versuchen. Sonst bleibt nur die schmerzlose Tötung, denn die Chance einer Heilung ist bei einem so jungen Tier gering.

All dem entgeht man mit ziemlicher Sicherheit, wenn das Kätzchen mindestens drei Monate bei seiner Mutter und seinen Geschwistern bleiben darf.

ZUCHT: IRRUNGEN UND WIRRUNGEN

Es gibt gewöhnliche Katzen und Edelkatzen. Edel sind letztere, weil sie (oft viel) Geld kosten (nicht nur bei der Anschaffung, wie wir noch sehen werden) und die Menschen bekanntlich nichts hochschätzen, was nicht teuer ist.

Im übrigen ist es ein eigen Ding um die Ergebnisse menschlichen Züchtens. Die Natur braucht Jahrmillionen, um in ständigem Abwägen und Auswählen einen Organismus, eine Pflanze, ein Tier, zu schaffen, bei dem buchstäblich alles mit allem harmonisch abgestimmt ist. So erscheint uns das Wildtier dann so, wie ein längst vergessener Romanschriftsteller einmal seine Heldin beschrieb: »Sie war eine äußerst vollkommene Kombination von Unvollkommenheiten.« Die Naturzüchtung ist der totale Kompromiß. Einzelne Extreme, auch Höchstleistungen, finden darin nur selten Platz und müssen sich zugunsten der harmonischen Leistung des Ganzen in Grenzen halten. Wo in der Natur doch einmal eine einzelne Höchstleistung erscheint, sind die Kosten für das betroffene Lebewesen hoch. Das Beispiel unter den Katzen ist der Gepard. Bei ihm ist weitestgehend alles der einen Leistung untergeordnet, das schnellste Säugetier zu sein. Dafür ist er körperlich seinen Nahrungskonkurrenten unterlegen, verliert oft seine Beute an sie, seine Jungensterblichkeit ist hoch, und da die geforderte Höchstleistung keine großen erblichen Abweichungen zuläßt, sind seine Erbanlagen einheitlicher als bei anderen Katzenarten. Das schränkt seine Anpassungsfähigkeit im weiteren Verlauf seiner Evolution ein. Wenn gar der Mensch züchtet, so ist er nicht imstande (auch nicht mit Hilfe von Großcomputern), mehr als einige wenige Zuchtziele im Auge zu behalten, und heraus kommt das genaue Gegenteil von dem, was unser Schriftsteller beschrieb: eine äußerst unvollkommene Kombination von einigen (wenigen) Vollkommenheiten. Bei den Extremzüchtungen der Rassekatzen scheinen mir vielfach die neuen körperlichen »Vorzüge« nicht zu ihrer (im wesentlichen unveränderten) Katzenseele zu passen. Ich kann die empörten Aufschreie mancher Katzenzüchter förmlich hören, wenn hier von »Qualzüchtungen« oder von »rassespezifischen Leiden« die Rede sein wird oder wenn ich behaupte, daß »rein« durchgezüchtete Katzenstämme ganz allgemein gesundheitlich und auch seelisch weniger robust sind als die »gewöhnliche« Hauskatze.

Es ist nun einmal traurige Tatsache, daß sich die Zucht »edler« Katzen in Äußerlichkeiten erschöpft hat und nahezu ausschließlich Wert auf Eigenschaften wie Fellfarbe und -länge, Augenfarbe, Körperbau, Schädel- und Ohrenform legt. Kaum jemand aber hat versucht, besonders intelligente, große, kräftige, geschickte oder einfach kerngesunde, muntere Katzen als eigene Rasse zu züchten, wobei Farbe und Form erst in zweiter Linie Beachtung finden sollten. Anders als der Hund ist die Katze auch nie als »Gebrauchstier« für besondere Zwecke gezüchtet worden; nur der französische Forscher Loir hat einmal die Züchtung besonders zur Rattenbekämpfung geeigneter Katzen propagiert, doch ohne Erfolg: Chemische Industrie und Kammerjäger hielten begreiflicherweise nichts von der Idee. Nur am Rande sei bemerkt, daß auch fast alle Gebrauchshunderassen gelitten haben, sobald sie in Modezüchtungen umgewandelt wurden.

Nur durch diese unglückselige Festlegung auf bloße Äußerlichkeiten hat es wohl geschehen können, daß aus der kräftigen, schlauen Siamkatze früherer Tage, mit ihrem hübschen, »gewöhnlichen« Hauskatzengesicht, ein hypernervöser, in schlimmen Fällen ständig zitternder, empfindlicher, klapperdürrer Kümmerling hat werden können, dessen »Ideal« eines Kopfes im Profil mehr einem Pferd denn einer Katze ähnelt.

Simbo, ein reinrassiger Siamkater, der vor 50 Jahren auf einem Allgäuer Bauernhof lebte, herrschte als Schrecken aller anderen Kater über ein riesiges Revier, und bald wiesen sämtliche Jungkatzen der Umgebung mindestens eines seiner Merkmale auf. Wer könnte heute all das so einem zarten Siamkater zutrauen, der alle modernen »Zuchtstandards« erfüllt? Und dann: Langhaarkatzen! Als die Natur die Stammeltern (langhaarige Katzen*arten* wie der Manul gehören entgegen allen andersartigen Behauptungen *nicht* dazu) unserer Hauskatze »züchtete«, erzeugte sie ein kurz- und glatthaariges Fell, eine rauhe, mit feinen Hornwarzen besetzte Zunge und gerade so viel Spaß am Sich-Putzen, daß diese Zunge oft und ausdauernd genug betätigt wird, um das Fell glatt, glänzend, sauber und ordent-

Abb. 53: Zwei typische Stellungen einer sich putzenden Katze. Bei den meisten Kurzhaarkatzen stehen Putzverhalten und -antrieb noch im rechten Verhältnis zum Putzbedarf. Sie brauchen weder gebürstet noch gar gebadet zu werden.

lich zu halten. Dazu gehören ein Magen und ein Darm, für welche die bei dieser Prozedur unweigerlich verschluckten Haare nicht nur ver-, sondern sogar zuträglich sind (wie übrigens auch Fell, Federn und kleine Knochen von Beutetieren). Bei unseren »ordinären« Hauskatzen ist es im großen und ganzen dabei geblieben. Dann aber kam der Mensch und züchtete Katzen mit langen und immer längeren Haaren. Auch die Struktur des Haares änderte sich, wurde immer feiner, seidiger, dichter. Längere Hornstacheln auf der Zunge bekamen diese Katzen nicht, und auch ihr Trieb zum Sich-Lecken und -Strählen nahm nicht zu (eher ab!). Eine Langhaarkatze ist daher außerstande, ihr Wundergespinst von einem Fell allein in Ordnung zu halten. Außerdem brauchen diese schönen, langen Haare längere Zeit zum Wachsen, und das unnatürliche Wohnungsklima tut ein übriges: Das Tier befindet sich praktisch ununterbrochen im Haarwechsel. Es verschluckt beim Putzen des Fells viel mehr davon als eine Kurzhaarkatze. Das Wattehaar verknäuelt und verfilzt sich im Magen zu dicken Ballen und Strängen; diese werden zwar meist wieder erbrochen, oft führen sie aber auch zu Verstopfung und, wenn man nicht schnell genug eingreift, zum Tode.

Der langen Rede kurzer Sinn: Wer der Faszination eines solchen Fellwunders erliegt, stelle täglich eine halbe Stunde Katzenbürsten in Rechnung. Und er überlege wohl, ob er das wirklich durchhält – nicht nur die ersten 14 Tage oder sechs Wochen, wenn das kleine Watteknäuel noch sooo süß ist, sondern ein ganzes Katzenleben lang: zwölf, fünfzehn, ja mehr als zwanzig Jahre! Wer das nur ein paar Tage nacheinander versäumt, findet sich bald beim Tierarzt wieder – zum Scheren! Keine noch so raffiniert konstruierte Bürste, kein Kamm bringt nämlich einen solchen »Einwochenfilz« jemals auseinander. Ist die Katze nicht derart verfettet, daß sie vollkommen wehrlos ist, wenn sie auf dem Rücken liegt (ja, das gibt es!), benötigt sie für die Schur eine Vollnarkose. Und abgesehen von der bei sorgfältiger Fellpflege unnötigen Belastung für die arme Katze ist die Prozedur nicht gerade billig.

Noch ein anderes, überaus widerwärtiges Schicksal kann einer vernachlässigten Langhaarkatze drohen: Die verfilzten Haare am After verkleben mit den Ausscheidungen der Katze, nicht selten in solchem Maße, daß die Passage völlig versperrt ist und das Tier seinen Kot nicht mehr absetzen kann. Bei seinen vergeblichen Preßversuchen leidet es große Schmerzen. Bemerkt man das Verfilzen und Verkleben der Afterregion früh genug, kann man der Katze noch helfen, obwohl dies keineswegs einfach ist. Denn hier kann man die Haare nicht mehr einfach abscheren; man muß das Hinterteil vorher längere Zeit in warmer Seifenlösung einweichen – für die Katze eine unsägliche Geduldprobe.

Die Züchter begnügten sich freilich nicht, Formen mit immer längerem und seidigerem Fell heranzuziehen, sie mußten auch noch die natürliche Schönheit des Katzengesichtes »veredeln«, wohl, um auch ein erwachsenes Tier dem »Kindchenschema« entsprechend wirken zu lassen, was »Muttergefühle« anspricht und deshalb – aus durchaus verständlichen Gründen – sehr beliebt ist. Das Ergebnis, die »dem heutigen Standard entsprechende« Perserkatze, hat eine fast kuppelförmig ausgebuchtete Stirn, dicke Pausbacken und eine Stupsnase, die so eingedrückt ist, daß sie im Profil nicht mehr zu sehen ist, weil die Wangen sie vollkommen verdecken. Wem das »Mopsgesicht« gefällt, bedenke, daß die tiefgreifende Veränderung der Schädelform schwere Mißbildungen begünstigt. Oft ist die Nase so verkürzt, daß sie ihren eigentlichen Zweck, nämlich das Atmen, nur noch unvollkommen oder gar nicht mehr erfüllen kann. Meist sind dann auch noch die Tränengänge verlegt; statt einer fröhlichen, lebhaften Naturschönheit nennt man dann ein ständig tränendes, schniefendes Wesen sein eigen, das aber einen kilometerlangen Stammbaum hat. Und man kann sich nicht einmal dann in Sicherheit wiegen, wenn man seine Katze selbst aus einem Wurf quirliger, gesunder Jungperserchen hat auswählen dürfen. Die böse Überraschung kommt erst Monate später! Erst dann nämlich bilden sich die charakteristischen Perser-Gesichtsmerkmale und damit die ebenso charakteristischen Mißbildungen heraus.

Damit aber sind die Leiden der »mißglückten« Perserkatze noch nicht vollständig aufgezählt. Der Oberkiefer ist ja zusammen mit der Nase zu kurz geraten. Diese »Chondrodysplasie« des Gesichtsschädels betrifft aber meist nicht den Unterkiefer: Der behält seine der »Normalkatze« entsprechende Länge bei. Durch die darauf zurückzuführenden Zahnfehlstellungen ist die Katze in der Nahrungsaufnahme behindert; sie kann nur stark Zerkleinertes zu sich nehmen. Weil deswegen auch die Selbstreinigung des Kauapparates nicht mehr gegeben ist, kommt es zu all den mehr oder weniger schmerzhaften Zahn- und Kieferkrankheiten, die wir Menschen auch kennen: Karies, Zahnstein, Zahnfleischentzündungen und schließlich Zahnausfall. Manchmal kann hier wohl der Tierarzt Linderung verschaffen, aber wirklich ändern kann er nichts; denn Zahnspangen für Katzen sind meines Wissens noch nicht erfunden. Aber eines kann ich Ihnen versichern: Katzen gehen genauso ungern zum Zahnarzt wie wir.

Nun wollen wir nicht allein die Auswüchse neuzeitlicher Perser- und Siamkatzenzucht auflisten; daß dies ausführlicher als bei den im folgenden beschriebenen »Qualzüchtungen« geschehen ist, liegt an der Popularität der beiden Rassen. Viele andere Katzenrassen sind verhältnismäßig neu und deshalb nicht sehr bekannt. Manche davon sind so bizarr, daß sie wohl kaum allgemeines Gefallen finden werden. Ein Beispiel ist die brandneue Pudelkatze, eine Mischung aus der kippohrigen Scottish Fold und der kraushaarigen Devon Rex, beide Mutanten, die selbst erst etwa Mitte unseres Jahrhunderts entstanden sind. Das Ergebnis der Kreuzungsversuche ist ein Tier, das auf den ersten Blick keine Ohren zu haben scheint – die sind nach vorn an den Kopf gelegt – und deshalb wie ein rundgesichtiges Baby aussieht. Die Ohrmuscheln der normalen Katze sind nicht nur hochempfindliche Hörhilfen, sondern auch Ausdrucksmittel. Die Pudelkatze ist aber dieses Ausdrucksmittels weitgehend beraubt, und daß sie so gut hören kann wie ihre gewöhnlichen Vettern, ist schwer vorstellbar. Vielleicht braucht sie das auch nicht, denn ihr empfindliches Lockenfell ist kaum den Unbilden unserer meist feuchtkalten Witterung gewachsen. Es hat nämlich fast keine Grannen- und Leithaare und daher auch keinerlei wasserabstoßende Fähigkeiten mehr. Somit bleibt der Pudelkatze ohnehin nichts anderes übrig, als brav das Heim zu hüten und nur auf die Stimme ihres Menschen zu hören, und die ist im Zweifelsfall laut genug.

Rexkatzen (Cornish, Devon und German Rex) sind unabhängig voneinander entstandene Mutationen mit plüschigem, gekräuseltem Fell. Abgesehen von den oben geschilderten Problemen mit dem Nässeschutz kommt es nicht selten vor, daß das Fell, vor allem das der Devon Rex, überhaupt ganz kahle Stellen aufweist. Der Zuchtstandard schreibt vor, daß die Schnurr- und Überaugenhaare ebenfalls gekräuselt sein müssen. Was die *Katze* dann mit ihren Vibrissen noch anfangen kann, hat sich anscheinend niemand gefragt.

Züchtungen nackter Katzenrassen haben immer schon zu vehementen Widersprüchen herausgefordert – wohl mit Recht. Der Temperaturhaushalt, der ganze Kreislauf der Katze ist auf ein dichtes, warmes Fell eingerichtet. Sie kann damit in der prallen Sommersonne liegen und bei tiefwinterlichem Schneewetter ausgedehnte Streifzüge unternehmen. Nacktkatzen kann man fast nur unter einer Käseglocke mit perfekt eingestellter Klimaanlage halten. Daß sie keine Kälte vertragen, ist leicht einzusehen; doch auch das beliebte Nickerchen an der Sonne birgt für solche Katzen gesundheitliche Gefahren. Ein Sonnenbrand ist, wie wir ja oft selbst aus leidvoller Erfahrung wissen, nicht nur schmerzhaft, sondern auch gesundheitsschädlich. Die Haut der Katze ist aber der Haarlosigkeit viel weniger angepaßt – sie hatte ja dazu nicht die Zeit, die uns durch viele Jahrtausende der Evolution vergönnt war. Deshalb ist nicht nur die Sonne für eine Nacktkatze viel gefährlicher als für uns, auch die Luft im Freien oder in der Wohnung ist schädlich für die ungeschützte Katzenhaut. Man muß sie ständig eincremen, sonst trocknet sie aus.

Da kahlen Katzen nicht »bewußt« ist, daß sie kein Fell haben, und die Haut nur wenige Schmerz- bzw. Hitzerezeptoren aufweist – wozu auch, sie ist im Normalfall ja durch das Fell gut geschützt –, kommt es gar nicht selten vor, daß Nacktkatzen mit Verbrennungen zum Tierarzt gebracht werden müssen, weil sie sich nach guter alter Katzenart an einen Heizkörper gekuschelt hatten.

Warum man schwanzlose Krüppel als »Manxkatze« extra weitergezüchtet hat, wissen wohl nur die Halter selbst. Allele, die zur Schwanzlosigkeit führen, sind weltweit verbreitet und führen oft zu Totgeburten. Man sollte meinen, daß Mutationen, die solche »Letal-Gene« mit sich führen, nicht eben erwünscht sind und ausgemerzt werden, wo immer man ihnen begegnet. Weit gefehlt! Die Manx ist eine seit langem international anerkannte Rasse mit festen Standards. Da gibt es Vorschriften, die das Fell und die Schädelform betreffen, die aber auch einen kurzen Rücken und ein sehr hohes, rundes Hinterteil mit tief angesetzten Flanken verlangen, das der Katze ihren »typischen hüpfenden Gang« verleiht. Der Schwanz muß vollkommen fehlen; am Ende der Wirbelsäule soll eine Vertiefung spürbar sein – innere Deformationen sind nicht ausgeschlossen. Weitere Kommentare sind wohl überflüssig.

Mehr Glück haben da noch stummelschwänzige Rassen wie die Japanese Bobtail; sie muß nur ein Stück ihres Schwanzes als Balancierstange und Ausdrucksmittel entbehren. Sie besitzt nicht das letale Gen, das die Wirbelsäule der Manxkatze schädigt, und sie kann sich immerhin »normal« bewegen.

Damit ist die Liste problematischer Katzenrassen sicher nicht komplett. Es gibt immer wieder neue unerfreuliche Überraschungen wie beispielweise eine 7 cm in der Schulterhöhe und 19 cm in der Gesamtlänge messende Zwerglanghaarkatze aus Illinois, die anscheinend extra für das Guinness Buch der Rekorde geschaffen wurde. Selbst in Zeitschriftenabbildungen, die diese »Neuschöpfung« in möglichst vorteilhaftem Licht erscheinen lassen wollten, sieht man das mißgebildete Näschen und die schielenden Rinnaugen. Manche Qualzüchtungen werden hoffentlich genauso schnell wieder vom »Markt« verschwinden, wie sie aufgetreten sind.

Schwierigkeiten gibt es nicht nur bei einzelnen Rassen; auch ganze Farbschläge sind häufig von mehr oder weniger schweren Defekten betroffen. Züchter »bunter« Katzenrassen (Schildpatt-, Dreifarbvariationen) wissen ein Lied davon zu singen: Kater, sofern es überhaupt welche gibt, sind normalerweise unfruchtbar.

Ob lang- oder kurzhaarig – eine schneeweiße Katze mit leuchtendblauen Augen ist wunderhübsch anzusehen; ruft man ihren Namen, ist sie genauso hübsch anzusehen wie zuvor. Sie hat nämlich keinen Mucks getan. Reinweiße Katzen mit blauen Augen sind fast immer taub, wofür ein erblicher Zusammenhang zwischen der Augenfarbe und pathologischen Veränderungen im Bereich des Ohrlabyrinths verantwortlich zu sein scheint. Weiße Katzen mit verschiedenfarbigen Augen sind nur auf der Seite des blauen Auges taub. Mit dem einen gesunden Ohr kann eine solche Katze zwar fast alle Geräusche vernehmen, aber nicht feststellen, woher diese kommen.

Viele Tierärzte sind durch ihre Erfahrungen auch der festen Überzeugung, daß reinweiße Katzen, ganz gleich welcher Augenfarbe, allgemein weniger lebenstüchtig sind. Sie sollen eine angeborene Anfälligkeit für alle möglichen Krankheiten haben, wie auch ihre wenigen Jungen fast stets klein und schwächlich sind.

Einkreuzungen von Katzen mit dunklen Fleckchen oder wenigstens ein paar schwarzen Haaren können diese Probleme mildern, werden aber von vielen Züchtern nicht gerne durchgeführt, da sie um die »Reinheit« der Stammlinie fürchten.

Nur noch ein paar Worte über Vererbung – ganz ohne Biochinesisch. Die Hauskatzen stammen im wesentlichen von der Falbkatze ab (s.S. 10ff.). Einkreuzungen der nahe verwandten europäischen Wildkatze und der indischen Halbwüstenkatze *(Felis ornata)* waren und sind möglich, aber weitaus seltener, als man früher dachte. Für das Erscheinungsbild der Haus- und der Edelkatzen sind diese Einkreuzungen nicht von Bedeutung. Die einheitliche Erscheinung der wilden Stammform soll nicht darüber hinwegtäuschen, daß die gesamte genetische Vielfalt, die unsere Hauskatze so variantenreich aussehen läßt, bereits in ihr steckt.

Manche Katzenrassen sind durch jahrzehntelange Zuchtwahl entstanden, einige verdanken ihren Ursprung Mutanten, die bei der wilden Stammform nicht vorkommen, weil ihre Träger im Freileben nicht überleben könnten. Alle modernen Rassekatzen sind irgendwann durch ein Stadium extremer Inzucht (»Bottleneck«) gegangen. Bei seltenen Rassen sind alle Exemplare noch eng miteinander verwandt – die Inzucht dauert also an. Es dürfte eigentlich wohlbekannt sein, daß Inzucht über mehrere Generationen nicht selten auch Verhalten und Intelligenz beeinträchtigt. In der Tat ergibt die konsequente Durchzüchtung von Rassekatzen immer wieder Nachkommen, die man nur als debil bezeichnen kann, weil sie nicht imstande sind, den Freßnapf vom Gefäß für gegenteilige Verrichtungen zu unterscheiden. Solche Tiere machen ihren Besitzern trotz ihrer vielleicht »perfekten« Erscheinung wenig Freude, wie sich leicht vorstellen läßt. Die Züchter scheint es weiter nicht zu stören.

Bekanntlich werden alle Erbanlagen (Gene) doppelt vererbt, je eine von Mutter und Vater. Da jede Anlage in mehreren oder sogar vielen Varianten (Allelen) vorkommt, sind die beiden von den Eltern stammenden Gene selten ganz gleich; sind sie verschieden, so setzt sich meist nur das eine im äußeren Erscheinungsbild des betreffenden Tieres durch. Das andere tritt nur in Erscheinung, wenn es zufällig beide Eltern beisteuern. Deshalb hat es wenig zu sagen, wenn Züchter versichern, daß sie alle mißgebildeten Exemplare »ihrer« Rasse »ausmerzen«, d. h. nicht zur weiteren Zucht zulassen. Alle die »gesunden« Geschwister, Vettern usw. können die Allele der Mißbildung genauso besitzen und weitervererben, nur treten diese bei

Abb. 54: Ich bekenne es: Kein Zuchtideal geht mir über die gesunde Feld-, Wald- und Dachkatze, die in Erscheinung und Wesen ihren Stammeltern noch so weit wie möglich gleicht.

ihnen eben nicht in Erscheinung. Vor allem bei den Katzenrassen, die aus einer einzelnen, neu aufgetretenen Mutation weitergezüchtet wurden, kann es vorkommen, daß *alle* Exemplare der Rasse ein unerwünschtes Allel verdeckt mit sich führen, das nur unter Anwendung moderner gentechnischer Methoden ausgemerzt werden könnte.

Wem es nun scheint, ich wolle ganz allgemein jedem die Freude am schönen (oder als schön empfundenen) Rassetier verderben – mitnichten. Wohl aber muß man neben den Licht- auch die Schattenseiten und ihre Folgen vermelden, und die meisten mir bekannten Katzenbücher tun das nicht. Extremzüchtungen sind nun einmal selten harmonisch-ausgeglichen, weder körperlich noch in Befinden und Verhalten. Und diese mangelnde Harmonie kostet eben – das Tier manche Belastung und den Menschen Mühe und häufigere und höhere Tierarztrechnungen.

Zum Unglück sind viele der sogenannten Rassestandards »nach oben offen«: Sie setzen zwar Mindestanforderungen für Merkmale fest, aber keine Obergrenzen. So werden die Merkmale immer weiter in die Disharmonie getrieben wie etwa die überschmalen Langschädel der Orientalen oder die geradezu ins Konkave getriebenen Nasen bestimmter Langhaar-Rassen. Viel wäre gewonnen, die Rassekatzen-Problematik wenn nicht beseitigt, so doch beträchtlich gemildert, wenn sich die FIFA (Internationaler Dachverband der Rassekatzenzüchter) entschließen könnte, den erwähnten und einigen anderen Standards endlich ein »Bis hierher und nicht weiter« zu verpassen, der maßlosen Extremzüchtung einen Riegel vorzuschieben.

Natürlich kann man mir nun vorwerfen, ich hätte den Geschmack eines Banausen, verkenne das Kunstwerk in der Schöpfung des Züchters und rede den »biederen« Rassen wie Karthäusern oder Abessiniern das Wort oder gar der einfachen, getigerten Hinterhofkatze. Ich bekenne mich schuldig. Wer eine künstlerisch »freie«, übersteigerte Katze will, soll sie sich malen. Aber in meinen Augen hat niemand das Recht, um seines künstlerischen (oder gekünstelten?) Ideals willen ein lebendes Geschöpf seiner inneren und äußeren Harmonie zu berauben und im gar nicht so seltenen Einzelfall zu einer Leidensexistenz zu verurteilen.

DIE ALTERNDE KATZE

Nach 15 oder mehr Jahren kommt eine Zeit, in der die Kräfte unserer Katze nachlassen. Sie spielt seltener und nicht mehr so lebhaft und ausdauernd, ihr Drang nach ausgedehnten Streifzügen bei jedem Wetter läßt nach, sie liebt die Wärme noch mehr als früher. Wenn sie aber sonst gesund ist, erscheint sie doch in ihrem ganzen Verhalten normal und ausgeglichen. Die Zeit vom Anfang der ernstlichen Vergreisung bis zum Gar-nicht-mehr-Können ist bei Katzen im Verhältnis zur Gesamtlebenszeit recht kurz. Beim Menschen dauert diese Phase unter Umständen rund vierzig Jahre. Bei Katzen der verschiedensten Arten habe ich es oft erlebt, wie sie innerhalb von ein bis zwei Wochen oder allenfalls einigen Monaten völlig verfielen und dann verstarben. Die Tiere werden lethargisch, schlafen viel, verlieren fast ganz ihren Appetit. Beinahe könnte man sagen, der typische Alterstod sei ein freiwilliges Verhungern.

Weniger beim Alterstod, aber bei schwerer Krankheit verändert sich oft der Gesichtsausdruck der Katze: Die Augen werden schmal, die äußeren Augenwinkel ziehen sich schräg nach oben-hinten und das ganze Gesicht wird schmal und spitz. Einer Katze, die es zeigt, ist in aller Regel kaum noch zu helfen.

Mancher alte Kämpe, der zeit seines erwachsenen Lebens jede menschliche Zuwendung zurückgewiesen hat, gibt im Alter seine stolze Unabhängigkeit auf und kehrt in das Haus seiner Jugend zurück, um sich noch ein wenig füttern, wärmen, pflegen, vielleicht sogar streicheln zu lassen. Für die etwas häuslicheren Naturen wird nun oft der menschliche Schoß der wichtigste Platz in ihrem Leben. Sie fühlen sich am wohlsten, wenn man sie, abgesehen von einem wohldosierten Maß an sanfter Zuwendung, in Ruhe läßt. Die Anwesenheit von zappligen Kindern im selben Zimmer oder die Gesellschaft einer jungen, quirligen Mitkatze sollte man einer betagten Mieze nicht mehr zumuten. Sonst kann sie nämlich bald die Charakterzüge des ewig grantelnden Greises annehmen, der die »rücksichtslose Welt von heute nicht mehr versteht«: Sie wird abweisend, kratzbürstig, möglicherweise sogar bissig.

Mit zunehmendem Alter schwinden Lernbereitschaft und -fähigkeit, jedoch keineswegs so weitgehend, wie es oft geglaubt wird, und nicht in allen Bereichen gleichermaßen. An ein neues Futter läßt sich die alternde Katze nicht mehr so leicht gewöhnen, an neue Wege und neues Spielzeug dagegen immer noch recht gut. Im übrigen verhält es sich hier nicht wesentlich anders als beim Menschen: Wer in der Übung bleibt, erhält seine körperliche und geistige Beweglichkeit. Die Katze mit freiem Auslauf in wechselvoller Umgebung bleibt regsamer und anpassungsfähiger als die auf eine stets gleichbleibende Wohnung beschränkte. Letztere ist auf menschliche Hilfe mit Spiel und auch Abrichtung zu kleinen Kunststücken angewiesen, die man immer mal wieder auswechselt. Eine so mit stets neuen Aufgaben beschäftigte Katze wird im Alter nicht »verstumpfen«, lebhafter und damit auch gesünder bleiben.

Auch die wohlerzogenste Katze wird ihr Leben lang immer wieder mal versuchen, ob sie die Hausregeln durchbrechen oder ein bißchen umgehen kann. Will man sich nicht von einer ausgewachsenen Katze auf der Nase herumtanzen lassen (eine unangenehme Vorstellung), muß man den hoffnungsfrohen Nichtsnutz schon konsequent an seine gute Kinderstube »erinnern«. In Pussis späten Jahren ist freilich die Zeit der häuslichen Erziehung so langsam vorüber. Einerseits wird eine alte Katze ohnehin nicht mehr so viel »Re-

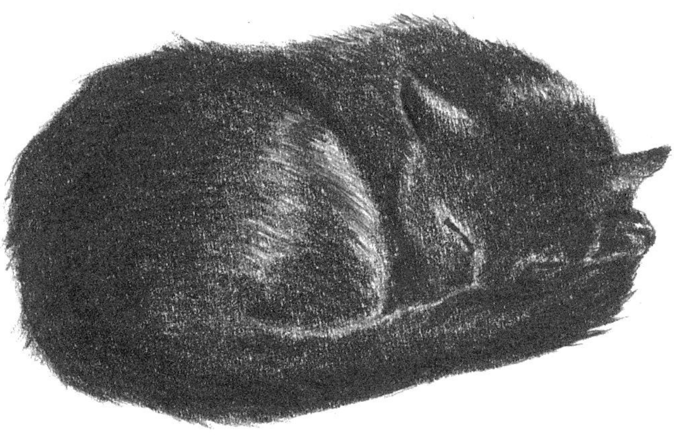

Abb. 55: Die alternde Katze liebt die Wärme und hat ein erhöhtes Schlafbedürfnis.

volutionsgeist« verspüren, andererseits schadet es auch nicht mehr sehr, wenn man die auf einem verbotenen Plätzchen Liegende »übersieht« oder sich von ihren Sonderwünschen bei der Fütterung erweichen läßt, zumal alternde Katzen oft nicht so recht bei Appetit sind und dazu neigen, hager zu werden. Manchmal sind auch die Zähne daran schuld, wenn das gewohnte Essen nicht mehr schmekken will. Sie sind abgenutzt und stumpf, können Fleischstücke nicht mehr zerteilen, die Tiere würgen daher oft größere Brocken als normal hinunter und erbrechen sie wenig später wieder. Man muß ihnen dann schon Fleisch kleinschnipseln, aber keineswegs ganz zermahlen; nur Weichfutter sollte man wirklich erst dann geben, wenn es gar nicht mehr anders geht. Oft tun die alten Zähne auch weh, wackeln, das Zahnfleisch ist entzündet ... das alles kann der hungrigsten Katze den Appetit verderben! Und es kann ernsthafte Erkrankungen nach sich ziehen. Also keine Angst vor dem Zahnarzt – die Katzen haben es besser als wir: Der Tierarzt gibt ihnen bei unangenehmen Behandlungen eine Narkose. Danach kann Miez wieder ordentlich schmausen; selbst zahnlose Katzen kommen nach einer kurzen Gewöhnungszeit ganz gut mit ihren Mahlzeiten zurecht, wenn sie nicht zu trocken und gut zerkleinert gereicht werden.

Wenn eine ältere Katze »wie ein Fisch trinkt«, ist sie entweder zuckerkrank, oder ihre Nieren funktionieren nicht mehr so gut. Bei letzterem hilft oft schon eine eiweißarme Diät. Der Tierarzt berät da gern, auch gibt es im Handel Spezialfutter. Viele Katzen sind im Alter auch bereit, Nudeln, zerdrückte Kartoffeln oder Reis mit Bratensoße anzunehmen. Die zuckerkranke Katze wird sich an die Insulinspritzen gewöhnen müssen.

Weit mehr beeinträchtigt unsere Katzensenioren die Einschränkung ihrer körperlichen Beweglichkeit in ihrem Wohlbefinden. Das fängt damit an, daß eine Katze beim Putzen nicht mehr überall hinkommt. Manchmal kann sie sich helfen, wenn sie die schwach gewordenen Hinterbeine mit der Vorderpfote an die Zunge heranzieht. Auch der Antrieb zur Fellpflege läßt nach. Außerdem verzögert sich der Haarwechsel. An schwer erreichbaren Stellen, besonders entlang der Rückenmitte, bilden sich dann verfilzte Haarknoten und -matten, die sich oft nur noch mit der Schere entfernen lassen. Man muß spätestens jetzt die Katze regelmäßig kämmen und bürsten. Morgens und abends ein paar Minuten genügen da schon, und das hat wohl auch ein Tier verdient, das uns viele Jahre Freude, Anhänglichkeit, eben Mitgeschöpflichkeit schenkte.

Viele ältere Katzen bekommen einen leichten Senkrücken *(Lordose)*, wenn ihre schwindende Muskelkraft nicht mehr ganz ausreicht, den Rücken gerade zu halten. Dies beeinträchtigt die ohnehin schneller ermüdbaren Tiere wenig. Hängt der Rücken tiefer durch, zeigt die Katze, daß ihr das Aufstehen oder Gehen weh tut, kann ihr der Tierarzt lediglich mit einem Schmerzmittel helfen; er kann die Erkrankung weder heilen noch auch nur deren Fortschreiten hemmen.

Gleiches gilt für eine andere ziemlich ernsthafte Knochenerkrankung: die *Kyphose.* Ein Katzenrücken, der bogenförmig gekrümmt aussieht wie der eines Karpfens, ist ein gut erkennbarer Hinweis auf eine solche Erkrankung. Meist erblich bedingt, tritt die Kyphose auch bei jüngeren Katzen (oft wenig auffällig) auf, schreitet aber im allgemeinen nur wenig fort, solange die Katzen gesund und kräftig sind. Im Alter versteift sich dann die Wirbelsäule durch Verknöcherung der Bandscheiben zunehmend, und der Rücken krümmt sich stärker. In seiner milderen Form beeinträchtigt der »Karpfenrücken« die Katze nur wenig; das Treppensteigen wird etwas mühsamer, und sie springt nicht mehr so gern und weit, hat aber keine Schmerzen. Ein Katzenleben verliert jedoch drastisch an Qualität, wenn die körperliche Bewegungsfreiheit zu sehr eingeschränkt ist. Eine Katze, die sich mit ihrem verkrüppelten Rückgrat nur noch mühsam davonschleppen kann, sollte man eingedenk ihrer Seele, die kaum noch mehr als Leiden empfindet, ein letztes Mal zum Tierarzt tragen und ihr die Erlösung von Qual und Hilflosigkeit vergönnen. Bandscheibenoperationen, wie sie Spezialisten manchmal in angelsächsischen Ländern durchführen, sind wenig ratsam. Sie sind aufwendig, da sie meist nicht eine, sondern 7 bis 8 Bandscheiben betreffen, in ihrem Erfolg äußerst ungewiß, riskant, und die lange Rekonvaleszenz der Tiere ist oft von großen Qualen begleitet. Und sind trotz allem einmal alle Schwierigkeiten glücklich überstanden, fängt meist alles von vorne an: Die benachbarten Bandscheiben sind ja gegen ein Fortschreiten der Verknöcherung nicht gefeit.

Die *Arthrose*, oft sehr schmerzhafte Veränderungen an abgenützten Gelenken, tritt glücklicherweise bei Katzen sehr viel seltener auf als etwa bei Hunden. Auch sie kann man höchstens durch Gaben von Cortison bzw. Schmerzmitteln erträglicher machen.

Ein weiteres Kümmernis im Alter unserer Katze ist das Nachlassen der Sinnesleistungen. Verhältnismäßig harmlos ist die Schwerhörigkeit, wenn die Katze im Hause bleibt oder wenigstens die Grenze des Gartenzauns nicht überschreitet. Madame Miez oder Herr Kater hören halt nicht ganz so gut, wenn die Stimme des Besitzers ruft; das fällt kaum auf, denn das Nicht-Vernehmen menschlicher Lock- oder Ermahnungsrufe hat schließlich jede anständige Katze ein Leben lang sorgfältig eingeübt.

Ernsterer Natur, aber sehr selten bei Katzen ist die Erblindung durch den Grauen Star. Es versteht sich von selbst, daß eine Katze, die kaum noch sieht, wohlbehütet in vertrauter Umgebung bleiben muß. Die Zeit der geliebten Streifzüge durch die »freie Natur« ist zwar für immer vorbei, aber in der Wohnung können blinde Katzen erstaunlich schnell lernen, sich mit Hilfe der übrigen Sinnesorgane prächtig zurechtzufinden. Wie sehr die Welt des Augentiers Katze verarmt, kann wohl niemand ahnen. Am unerfreulichsten für die Katze ist erstaunlicherweise der Verlust eines Sinnes, dem viele Katzenfreunde und -kenner sehr wenig Bedeutung beimessen: des Geruchssinnes. Eine Katze, die den Duft ihrer Mahlzeit kaum mehr wahrnimmt, verliert sehr schnell den Appetit, ja das Interesse am Essen überhaupt. Mit viel gutem Zureden, konzentrierter, kalorienreicher Nahrung und einigen Stärkungsmittelchen ist es manchmal möglich, die Katze bei Kräften zu halten. Meistens aber magert die Katze langsam ab, wird klapprig, »altershager« wie ihre menschlichen Leidensgenossen, die die Freude am Essen gänzlich verloren haben und nur noch etwas zu sich nehmen, wenn der Hunger sie dazu zwingt.

Vom Essen zur Verdauung: Auch daran hapert's im Alter nicht selten. Entweder geht ohne regelmäßige Klistiergaben gar nichts mehr, oder es »fällt« durch. Beides trägt zusätzlich zum Gewichtverlust bei, und in beiden Fällen ist es schwierig, zwischen dem »zu schnell« und dem »zu langsam« die Balance zu halten.

Das Fell, immer ein guter Indikator bei Krankheiten, bleibt auch bei sehr alten, aber sonst gesunden Katzen noch recht schön, wenn die Haut nicht zu trocken wird; Schuppen, glanzloses Fell, Haarausfall sind dann die Folge. Hormonelle Störungen, die gelegentlich die Haut angreifen, können ebenfalls zu Haarverlust bis zur Bildung kahler Stellen führen. Das läßt sich aber durch Hormongaben verhältnismäßig gut beheben. Manchmal wächst das Fell dann nur mehr sehr dünn nach, und es sieht nicht besonders schön aus; doch einer Katze, der unverändert liebevolle Zuwendung zuteil wird, macht dies nichts aus.

Die Liebe ist wahrhaftig, und insbesondere für ältere Katzen, eine Himmelsmacht, wenn hier auch anders gemeint als im üblichen Sinne. Sie erleichtert und versüßt den Lebensabend trotz mancher Wehwehchen und Behinderungen, sie kann sogar das Ende weit hinausschieben. Sie sollte indessen auch genügend selbstlos und verantwortungsvoll sein, um der Katze ein längeres Leiden ohne Aussicht auf Besserung zu ersparen. Wer seine Katze in vernünftiger Weise liebt, spürt sozusagen ganz von selbst, wann es Zeit ist, den letzten Weg zum Tierarzt zu gehen.

Altersschwache Katzen scheinen zu fühlen, wann das Lebensende kommt. Halbwilde, vernachlässigte Katzen verkriechen sich oder suchen einen vertrauten Ruheplatz auf. Katzen, die ihr Leben im liebevollen Haus verbracht haben, nehmen Abschied von ihren Menschen, von alten Gewohnheiten, und scheinen es vorzuziehen, im Kreise der Familie statt allein zu sterben. Es ist gut für die Seele von Katze und Mensch. Mag auch die Trauer um das verlorene Familienmitglied groß sein, so ist es doch tröstlich, wenn den Beteiligten längeres Leiden erspart bleibt.

Wie schon in dem Kapitel »Stubenkatzen« steht, können Katzen lange einem verstorbenen Freund nachtrauern. Auf tote Mitkatzen reagieren sie in unterschiedlicher Weise. Als Kater Miro seinen überlegenen Rivalen tot im Garten fand, untersuchte er ihn mit leicht gesträubtem Rückenhaar und angedeutetem Buckel lange und sorgfältig. Danach war er kaum noch zu Hause und offenbar voll damit beschäftigt, das von seinem Todfeind befreite Revier in Besitz zu nehmen. Zsazsa hielt viele Stunden eine Art Totenwache bei ihrem verstorbenen, innig geliebten Kater Drago, während ihre vier Jungen auf den Toten teils mit Scheu, teils mit Neugier und teils nicht merklich reagierten. Zsazsa reagierte noch viele Tage später auf die Stelle, wo der Tote gelegen hatte, mit einem Ausdruck, als sähe sie ein Gespenst. Das sind Einzelbeobachtungen, aus denen sich keine allgemeinen Deutungen ableiten lassen. Sie zeigen aber doch, daß auch in diesem Bereich mehr Seele in der Katze steckt, als der selige Herr DESCARTES ihr zubilligen wollte.

Glossar

Erklärung einiger Begriffe und Ausdrücke, die nicht jedem Leser geläufig sein mögen oder im Text in einem etwas anderen Sinne zu verstehen sind als in der Umgangssprache.

Angeboren: Merkmale des Körperbaus oder der Funktion (auch des Verhaltens), die »umweltstabil« sind: Ihre Entwicklung bedarf zwar der Mitwirkung vieler Umweltfaktoren, doch kann die normale Schwankungsbreite der Umweltfaktoren das Ergebnis der Entwicklung nicht merklich abwandeln (modifizieren). »Angeboren« heißt ausdrücklich nicht, das betreffende Merkmal oder die betreffende Funktion müßten bei Geburt fertig entwickelt sein: Viele Entwicklungsvorgänge sind bei der Geburt ja noch nicht abgeschlossen.

Antrieb: Ein Tier verhält sich nicht wie ein Automat, der passiv warten muß, bis jemand ihn in Betrieb setzt, um dann je nachdem Kaffee, Zigaretten, einen Fahrschein oder was sonst auszuliefern. Es sucht vielmehr nach der Gelegenheit, bestimmte Tätigkeiten auszuführen, gerade auch dann, wenn die Umgebung keinen geeigneten Anreiz dazu bietet. Dieses Suchverhalten (Appetenzverhalten) wird von besonderen, je einzelnen inneren Antrieben hervorgebracht, über deren physiologische Natur wir noch kaum etwas wissen.

Art: Umfaßt die Fortpflanzungsgemeinschaft nahe miteinander verwandter Lebewesen. Von anderen Arten ist sie durch Fortpflanzungsschranken getrennt. Diese sind in der Regel physiologischer Natur, können aber im Einzelfall auch geographisch und/oder ökologisch bedingt sein (z. B. Braun- und Eisbär, die sich im Freileben kaum je begegnen, in Gefangenschaft aber miteinander fruchtbar sind).

Auslösemechanismus, angeborener: Tiere antworten auf viele Situationen oder Objekte ohne vorherige Erfahrung »richtig«. Ihre Wahrnehmung spricht auf bestimmte, kennzeichnende Merkmale (»Schlüsselreize«) von Situation oder Objekt an und löst eine »passende« Antworthandlung aus. Genaueres in: LORENZ / LEYHAUSEN (s. Literatur), Beitrag »Biologie von Ausdruck und Eindruck«. In jüngerer Zeit geäußerte Zweifel an der Gültigkeit des Begriffs »Schlüsselreiz« (und damit auch am angeborenen Auslösemechanismus) beruhen auf irriger Auslegung der Theorie und fehlerhafter Methodik.

Endhandlung: Die abschließende Handlung eines längeren, auf ein bestimmtes Ziel, einen Erfolg oder auch nur den befriedigenden Ablauf dieser Endhandlung selbst gerichteten Verhaltensablaufs.

Erworben: Verhaltensanteile, die im Gegensatz zu den »angeborenen« durch Umwelteinflüsse in bestimmter Weise abgewandelt (modifiziert) werden können. Die spezielle Ausformung der »Modifikation« nennt man dann »erworben«, obwohl natürlich die Erbanlagen festlegen, was wieweit und in welcher Entwicklungsphase abgewandelt werden kann. »Lernen« ist eine der Möglichkeiten der Verhaltensmodifikation.

Gattung: Eine Gruppierung nahe verwandter Arten, die sich durch eine Reihe gemeinsamer Merkmale von ähnlichen Gruppierungen unterscheidet. Außer der Gattung *Felis* bilden eine Anzahl weiterer Gattungen zusammen die Familie der Katzenartigen (Felidae).

Genealogie: Verwandtschafts- und Familienforschung.

Intentionsbewegung: Der deutlich erkennbare, doch mit geringer Intensität ausgeführte Beginn einer Handlung, die mangels ausreichenden Antriebs nicht vollständig ausgeführt wird. Eine ruhende Katze etwa reckt den Kopf vor und richtet die Schnurrhaare nach vorn, läßt sich dann aber zurücksinken, statt aufzustehen und davonzugehen.

Instinkt: Bezeichnete früher alle angeborenen Verhaltensweisen eines Tieres. Jetzt ist der Begriff eingeengt auf eine Bewegungsform, die wie eine Melodie trotz weitgehender Abwandlungen von Rhythmus, Geschwindigkeit usw. immer wiedererkennbar ist, und die einen eigenen Antrieb hat.

Mutation: Erbanlagen kommen in verschiedenen »Ausfertigungen« (Allelen) vor. »Mutation« ist die Umwandlung von einer Allelform in eine andere; man bezeichnet so aber auch das Ergebnis einer solchen Umwandlung.

Phonem: Element, sozusagen Grundeinheit, der mittels des Stimmapparates erzeugbaren Laute.

Population: Die Mitglieder einer Art, die innerhalb eines Wohngebietes vorkommen, das gegenüber anderen Wohngebieten der gleichen Art mehr oder weniger scharf abgegrenzt ist.

Revier: Areal, in dem ein Tier oder eine Gruppe (Rudel, Herde) lebt und das es gegen das Eindringen anderer Artgenossen verteidigt.

Seele: Umschließt hier die Gesamtheit des mehr oder weniger bewußten Erlebens. »Seele« als religiöse Vorstellung von einer selbständigen, im Extremfall vom Körper und seinen Funktionen abtrennbare Wesenheit (Überleben nach dem Tod) ist hier nicht angesprochen.

Stimmung: Der »Bereitschaftsstand« eines derzeit nicht tätigen Antriebs wie auch die sich aus der ständigen Wechselbeziehung aller Antriebe miteinander ergebende Handlungsbereitschaft. *Nicht* gemeint ist die in der Umgangssprache mit »Stimmung« bezeichnete, subjektiv erlebte Gemütsverfassung.

Literatur

Becvar, Dr. med. vet. Wolfgang: Naturheilkunde für Katzen. Kosmos-Verlag, Stuttgart 2003.

Bessant, Claire: Die Geheimnisse der Katzensprache. Kosmos-Verlag, Stuttgart 2004.

Brunner, F.: Die unverstandene Katze. Neumann-Neudamm Verlag, Melsungen 1989.

Caro, T. M.: Cheetahs of the Serengeti Plains (Group Living in an Asocial Species). Chicago University Press, Chicago and London 1994.

Ewer, R. F.: Ethologie der Säugetiere. Paul Parey Verlag, Berlin, Hamburg 1976.

Leyhausen, Paul: Katzen. In: Grzimeks Enzyklopädie der Säugetiere Bd. 3, S. 578–636. Kindler Verlag, München 1982.

Leyhausen, Paul: Pantherkatzen und Verwandte. In: Grzimeks Enzyklopädie der Säugetiere Bd. 4, S. 1–49. Kindler Verlag, München 1987.

Lorenz, Konrad und Leyhausen, Paul: Antriebe tierischen und menschlichen Verhaltens. Piper Verlag, München 1968.

Owens, M. und Owens, D.: Der Ruf der Kalahari. C. Bertelsmann Verlag, München 1987.
Schaller, G. B.: The Deer and the Tiger. University of Chicago Press, Chicago 1967.
Schaller, G.B.: The Serengeti Lion. Chicago University Press, Chicago and London 1972.
Tellington-Jones, Linda: TTouch für Katzen. Kosmos Verlag, Stuttgart 2002.
Turner, Dr. Dennis C.: Turners Katzenbuch. Kosmos Verlag, Stuttgart 2004.
Turner, D. und Bateson, P. (Hrsg.): Die domestizierte Katze. Albert Müller Verlag, Rüschlikon-Zürich, Stuttgart, Wien 1988.

Register

Die *kursiv* gedruckten Seitenzahlen kennzeichnen Abbildungen.

Abessinerkatze 189
Abstammung 8
Abwehr 39, 49, 51, 153, 154, 160
Abwehrbereitschaft 25
Abwehrkampf 140
Aggression 49, 51, 160
Aktionsbereitschaft 26
Allel 185, 187
Alterstod 190
Alveole 122
Analbeutel 40, 42, 105
Analkontrolle *19*, 31, 32
Anfangsbeschleunigung 64
Angriff 49, 51, 54, 89, 154
Angriffsdrohung *53*
Angriffskampf 140
Angst 26, 83
Anhänglichkeit 153
Ansitzjäger 140
Antrieb 68, 75, 117, 138, 140
Antriebsausfall 68
Arthrose 194
Augen 64
Augenfarbe 186
Ausdruck 45, 46, 47
Ausdrucksbewegungen 46
Ausdrucksfähigkeit 123

Babyklau 117, *118*, *119*
Backenbart 34
Backenhaare 25
Bandwürmer 163
Begattung 39
Begattungsbereitschaft 107
begattungsfähig 106
Begattungsstellung *108*, *109*, 110, *111*
Beißhemmung 71
belauern 68
Bengalkatze 14, 32, 46
Beute 62, 68, 74, 76, 84, 90, 95
Beutefang 68, 136, 138
Beutefanghandlung 140
Beutefangverhalten 101
Bewegungsmuster 68, 138
Bewegungsprogramm 75
Bewußtsein 7
blinzeln 28
Brechdurchfall 168
Breitseitendrohen 140, 142
Bruderschaft 17
Büchsenfutter 147

Chondrodysplasie 183
Cortison 194

Dämmerlicht 65
Dauerstreß 160
denken 123, 124
Domestikation 16, 61, 68
drohen 33
Drohgebärde 57, 60
Drohgesang 26, 39
Drohlaut 35
Drohstellung *17*, *31*
Du-Evidenz 7, 8, 46
Duftabsonderung 23, 40, 44
Duftstoffe 28, 29
Durchfall 147, 168

Eckzähne 64, 122
Edelkatze 187
Eindruck 45, 46, 47
Einzelgänger 20, 24
Entfernungsmessung 64
Erbanlagen 14, 179, 187
Erblindung 194
Erbsätze 112
Erleichterungsspiel *82*, 83
Ernährung 146
Erstgebärende 114
Erziehung, häusliche 143
Erziehungsmittel 35

Falbkatze 9, 10, *11*, *12*, 13, 21, 90, 103, 151, 155, 187
FAM-System 54
Fangballspiel 76, *77ff.*
Fanghandlung 74, 76, 82
Fangstimmung 74
Farbensehen 126
fauchen 35, 45
Fehlverhalten 133
Felis 9, 10, *12*, 13, 14, 32
  F. bieti 9
  F. chaus 9
  F. libyca 9, 10, *12*
  F. manul 9, 14
  F. margarita 9
  F. nigripes 9, *12*
  F. ornata 9, 10, *12*, 187
  F. silvestris 9, 10, *12*
  F. thinobia 9, *12*, 42
FIFA 189
Fischkatze 21, 152
flehmen 28, 30

Fleischfresser 62
Flucht 25, 49, 51, 54, 68, 89
Fortpflanzung 103
Fortpflanzungszyklus 40
Fütterung 146, 149

gähnen 28, *29*
Gebiß 64
Geburtshilfe 114
Geburtsvorgang *115*
Gehör 65, 66
Gene 187
Gepard 65, 151, 152, 179
Geruchssinn 194
Geschlechtsreife 105
Gesichtsausdruck 23
Gestik 30
Goldkatze 31, 121
Gras 147
Graukatze 9
grollen 35
Gruppe 55, 61
gurren 36

Haarwechsel 192
Hakenwürmer 163
Halbseiten-Mimik 47
haschen 68, 76, *77ff.*
Hautpflege, soziale 31
Hemmschwelle 71
Herde 55
Hormonhaushalt 40
Horopter 64
Hospitalisierungsschäden 177
Hunger 87, 88

Impfungen 162
imponieren 135
Infektion 122, 145
Instinkt 83, 117, 130
Insulin 192
Intelligenz 187

Jacobsonsches Organ 28
Jagdstimmung 87, 88
Japanese Bobtail 186
Junge 23, 114, 116, 152, 165, 170
Jungenaufzucht 23
Jungensterblichkeit bei Geparden 170
Jungkater 57

Kampf 39, 51, 52, 57, 60, 68
Kampfgesang 39, 57, 60
Karakal 34
Karies 184
Karpfenrücken 193
Karthäuserkatze 189
Kastration 105, 155, 156, 163, 164, 165, 166, 175
Katzenbuckel 31
Katzenkrankheiten 166
Katzenmumie 16
Katzenpfote 62
Katzenschnupfen 162, 178
Katzenseele 7, 8, 91, 177
Katzenseuche 162
Katzenzucht 16, 160, 179
Kehlbart 34
knurren 35
Kokettierflucht 107
Konkurrenzneid 72
Körperbau 13
Körperbewegung 23
Körperhaltung 23, 152
Krallen, zurückziehbare 62
Krallenschärfen 44, 135, 136
Krämpfe 168
Kuhmilch 147
Kyphose 193

Langhaarkatze 180, 182
Laufspiel *137*, 138
Lautäußerung 23
Laute, stimmhafte 34, 36
Laute, stimmlose 34, 35
Lautgebung 34, 35, 39
Leopard 20, 56, 121, 142, 152
Lernvorgang 72
Leukose 162
Lichteinwirkung 28
Lordose 193
Löwe 9, 17, 20
Luchs 25, 34, 56
Lufthauch 35

Mangelerkrankung 146
Manul 9, 14, 25
Manxkatze 185
Marder 67
markieren *41*
Mäuseruf 37, 38
meckern 36
Meideverhalten 51
miauen 36
Milchzähne 122
Mimik 25, 152
Mineralien 147
Mutation 14, 185, 187, 188
Mutterkatze 37
Muttermilch 178

Nachtfalter 90
Nackenbiß 68, *108, 109, 110*
Nacktkatze 185
Nährstoffe 147
Narkose 175
Nasenstüber 144
Neugier 74, 129
Nickhaut 167
Nierenfunktion 192

Ohr-Labyrinth 186
Ohrmuschel 25, 34
Ohrpinsel 34
Ortsgedächtnis 135

Paarung 23, 68, 106, 152, 153, 156
Paarungszeit 152, 153, 156
Panleukopaenie 162
Parasiten 87, 162
Partnersuche 40
Partnerwahl 40
Perserkatze 183
Pfotenhieb 35
Pheromone 43
Piloerektion 34
Pilomotorik 30
Population 20, 54, 56, 112
Profelis aurata 121
Pubertät 105
Pudelkatze 184
Pupillen 25, 28
Putzantrieb *181*
Putzverhalten *181*

Rang 56, 155, 165
Rangeleien 159
Ranzzeit 164
Rassekatze 179
Rattenruf 37, 38
Raubtier 61, 95, 102
Reiz 66, 76
Rennspiele 159
Revier 20, 42, 55, 92, 133, 152, 155, 160, 165
Reviergrenze 42, 47, 133, 134
Reviermarkierung 88, 135
Reviernachbar 23, 56, 61
Revierverteidigung 153
Rexkatze 184
Richtungshören 65
Rivale 23, 110, 140, 153, 154, 165
Rohrkatze 9
Rolligkeit *107*

Rotluchs 20, 121, 152
Rückgrat 63
Rückkreuzung 14
Rudel 55
Ruhestellung *32*

Sammelaufzucht 117
Sandkatze 9
Schleichkatze 67
Schlüsselbein 63
schnattern 36, *37*
Schneidezähne 64
schnurren 34, 47, 48
Schnurrhaare 26, *27*, 65
Schwanzbewegung 31
Schwarzfußkatze 9, *12*, *13*
Sechswochenkätzchen 145, 177, 178
Sehschärfe 64
Selektionsdruck 103
Senkrücken 193
Siamkatze 14, 160, 180
Sicheldünenkatze 9, *12*, 42
Sichtmarkierung 44
Sozialordnung 151
Sozialsystem 55
Speichelfluß 168
Speichelübertragung 40
Spiel, gehemmtes *73*, 74, *77 ff.*
Spielkämpfe 49
Spielkatze 68
Spielzeug 138
Springspiel *137*, 138
spritzharnen 43, 106, 135
spucken 35
Spurenelemente 147
Stauung der Antriebe 140
Stauungsspiel 76, 82, 136
Steppenkatze 9, 10, *12*
Stimmfühlungslaute 65
Straßenverkehr 92
Stubenkatzen 131 ff.

Tasthaare 25
Tastsinn 66
taub 186
Testosteron 165
Tiger 9, 20, 56, 85, 121, 142, 152
Tollwut 162
töten 68, 72, 74, 82
Tragstarre 116
Transport 168
Trieb 54
Triebhandlungen, kindliche 153
Trockenfutter 147, 149

Übersprungshandlung *86*
Übung 75
Unarten 133
Urin 42, 43, 105

Verdauung 194
Verfolgung 49, 68, 168
Verhaltensweisen 68, 117, 151, 154
Verhaltensweisen, erlernte 117
Verhaltensweisen, mütterliche 154
Verkehrserziehung 92
Verständigung 23, 24, 61
Verteidigung 49
verzehren 68
Vibrissen 65, 66
Vitamine 147
Vorstellungsraum 123

Waldwildkatze 9, 10, *11*, *12*, 13
Warnlaut 35
Wasser 147
Wasserscheue 91
Wegenetz 103
Weichfutter 122
Werbung 106, 107, 110
Wettbewerbsfähigkeit 55
wildern 102
Wildkatze 15, 17, 21, 105, 152
Wohnungsneurose 145
Wurfgeschwister 155

Zahnausfall 184
Zahnbildung 148
Zahnfehlstellung 183
Zahnfleischentzündung 148, 184
Zahnstein 148, 184
Zahnverlust 148
Zahnverschleiß 149
Zahnwechsel 122, 149
Zitzen 114
zuckerkrank 192
Zwerglanghaarkatze 186